dtv

Die hochgelobte Neuübersetzung dieser fragmentarischen Sammlung alttestamentarischer Liebes- und Hochzeitslieder überzeugt durch irdisch unverblümte Treue zum Original. Anders als in vielen Nachdichtungen wird weder beschönigt noch verschleiert. Die ganze erotische Fülle bleibt in den zerrissenen Sätzen und Assoziationen erhalten: Es entstehen moderne Gedichte. Die sinnliche Sprache ist direkt, aber nicht obszön, und mit der nebenstehenden Transkribierung kann die ursprüngliche Klangqualität des berühmten Textes direkt nachvollzogen werden.

Klaus Reichert, geboren 1938, ist Professor für Anglistik in Frankfurt a. Main. Neben zahlreichen Veröffentlichungen zur Renaissance und zur Moderne trat er als Übersetzer und Herausgeber moderner und klassischer Autoren (Shakespeare, Joyce, John Cage, Virginia Woolf, Robert Creeley) in Erscheinung. 1992 veröffentlichte er den Gedichtband ›Kehllaute‹.

Das Hohelied Salomos

Übersetzt, transkribiert und kommentiert
von Klaus Reichert

Deutscher Taschenbuch Verlag

Juni 1998
2. Auflage März 2003
Deutscher Taschenbuch Verlag GmbH & Co. KG,
München
www.dtv.de
Erstausgabe Residenz Verlag, Salzburg und Wien
© 2003 Klaus Reichert, Frankfurt
Umschlagkonzept: Balk & Brumshagen
Umschlagbild: ›Quiétude‹ von Kees van Dongen
(© VG Bild-Kunst, Bonn 1998)
Gesetzt aus der Bembo 9,5/11· (QuarkXPress 3.31)
Satz: KCS GmbH, Buchholz/Hamburg
Druck und Bindung: Druckerei C. H. Beck, Nördlingen
Gedruckt auf säurefreiem, chlorfrei gebleichtem Papier
Printed in Germany · ISBN 3-423-12545-4

Inhalt

nemo tamen potest cantare nisi
amans et vere amans.
Wilhelm von St. Thierry

Kein Stück des Buchs der Bücher hat so die Phantasie beflü-
gelt wie das Lied der Lieder. Denn was kaum zu verstehen
war, wie es ›dastand‹, wollte doch erklärt, mußte gerechtfertigt werden im Kanon der Schriften, nachdem es in ihn einmal hineingeraten war. Je unfaßbarer das Gemeinte (zumal im
Zusammenhang), um so größer der Verdacht, es müßte um
anderes gehen als an der Oberfläche erschien, um so dringen-
der das Bedürfnis, sich von den Spuren im Text zu dem führen zu lassen, der sie hinterlassen hatte. Dabei lag die Schwie-
rigkeit nicht einmal so sehr bei den doch zu vermutenden
Löchern und Lücken, in die immer ein göttlicher Geheim-
nisträger einspringen konnte, sie lag vor allem in den Zumu-
tungen dessen, was so unmißverständlich klar zu verstehen
war, aber so doch nicht verstanden werden durfte: der schie-
ren Erotik. Und gerade sie dürfte die nicht wahrgehabte
Kraftquelle gewesen sein, aus der die Exzesse der Ausleger sich
immer wieder, immer neu belebten.

Die allegorische Deutung des Hohenliedes (der Titel
stammt von Luther) begann schon im ersten vorchristlichen
Jahrhundert. Da das Lied von Salomo, dem weisesten der
Könige, stammte, wurde es zusammengesehen mit den beiden
anderen, unter seinem Namen gehenden Büchern, den Sprü-
chen und Kohelet, dem sogenannten Prediger Salomo, und als
Weisheitsbuch gelesen. (Das Dreierschema werden die Chri-
sten später systematisieren und hierarchisieren: von der Ethik
der Sprüche über die Naturerkenntnis des Kohelet zur
Erkenntnis des Ewigen und Unsichtbaren im Hohenlied.)
Die Weisheit in ihrer höchsten dem Menschen erträglichen
Form zeigte sich darin, daß sie verhüllt sprach, in Bildern und

Vergleichen, ›Übersetzungen‹ eines Gemeinten, das sich anders nicht sagen ließ (wie in der Liebe, der Sehnsucht, der Trauer). Was dabei herauskam, war das Mysterium der heiligen Hochzeit von Gott – der JHVH kaum sein kann, da er nur in einem angehängten superlativischen H erscheint – und seinem Volk Israel. Dennoch scheint der Verdacht, es handele sich um alles andere als einen heiligen Text, nicht vom Tisch zu sein, bis Rabbi Aqiba, der Vater der mündlichen Torah und der Mishna, im ersten nachchristlichen Jahrhundert, nach der Zerstörung des zweiten Tempels, ein Machtwort spricht. Als die Rabbiner darüber disputieren, ob einer, der die Rolle dieser Schrift berühre, seine Hände verunreinige – »In der Tat gibt es nichts Beweglicheres, nichts Ungehörigeres, nichts Unruhigeres als die Hand« (Levinas) –, sagt Rabbi Aqiba: »Die ganze Welt, von Anbeginn bis jetzt, wiegt nicht den Tag auf, an dem Israel das Lied der Lieder empfing. Denn alle Schriften sind heilig, aber das Lied der Lieder (*shir hashirim*) ist das heiligste (*qodesh qodashim*).« Und im Talmud, ein paar Jahrhunderte später, wird dann verfügt, wer das Lied als Lied singe, zum Beispiel im Wirtshaus, bringe Unglück über die Welt. Worauf für diesmal der Ironiker Gott widerspricht: was sollten sie denn sonst singen beim Essen und Trinken? Die Rabbinen waren da ernster – Gott hatte zwar die Welt geschaffen, aber die Menschen mußten sich in ihr einrichten – und setzten das Hohelied ans Ende der Passah-Liturgie als die immer erneuerte Verheißung der Rückkehr aus dem Exil.

So dezisionistisch genau nahmen es die Christen nicht, als sie den Bräutigam (der als solcher im Hohenlied nie genannt ist) mit Christus identifizierten und die Braut mit der Kirche, seiner *ecclesia*. In der Folge findet sich das Gleiten auf der Signifikantenkette *avant la lettre*: die Kirche, Maria (als ›hortus conclusus‹ oder wehrhafter Turm), die Bräute Christi, die Menschheit im ganzen oder die Seele im einzelnen. Die Seele. Und wenn sie sich mit Christus als dem logos, dem Wort, verbindet, dann, erst dann, wird dieses Wort lebendig. Die liebende Seele *erweckt* erst das Wort, das sonst toter Buchstabe bliebe. Diese erstaunliche Wendung findet sich schon bei

8

Origines – der Gang des Hohenliedes als innerseelische Erfahrung – und erreicht, über Bernhard von Clairvaux und Wilhelm von St. Thierry, in der Mystik ihre eindringlichsten Paraphrasen, die vergessen lassen, daß ihnen ein heiliger Text zugrunde liegt.

Aber was ist das Hohelied ›wirklich‹? Es ist eine Sammlung locker zusammengefügter Liebeslieder, die, so die Bibelkritik, keinen aufmerksamen Redaktor verrät, weshalb Neugruppierungen vorgeschlagen wurden, um so etwas wie Kohärenz herzustellen, kaum motivierte Wiederholungen zu vermeiden usw. Man hat verschiedene Liedertypen unterschieden, wie sie aus dem ägyptischen und dem arabischen Raum überliefert sind: Bewunderungs- und Beschreibungslieder, Prahl-, Scherz-, Klage- und Sehnsuchtslieder. Man hat von Hochzeitscarmina gesprochen, wie sie bei ländlichen Hochzeiten gesungen wurden, mit einem Bräutigam, der sich für eine Nacht wie König Salomo fühlen durfte. Man hat ein Liebesduett herausgehört, mit dem Hintergrundchor der Töchter Jerusalems, oder ein Dreiecksdrama rekonstruiert: König liebt Hirtenmädchen, das wiederum von einem Hirten geliebt wird, für den es sich am Ende entscheidet. Natürlich stellten sich auch, als die Forschung so weit war, Fruchtbarkeitskulte ein, und dann die göttlichen Paare – Isis und Osiris, die sumerischen Dumuzi und Inanna, die akkadischen Tammuz und Ischtar, die syrischen Baal und Astarte. Ganz ging keine Rechnung auf. Was sich festhalten läßt, ist aber doch zweierlei: die Zerstreuung des Gedichts in einen ganzen Sternenhaufen der Möglichkeiten seiner Lesbarkeit, und zum anderen und kontrafaktisch dazu, die Zerstörung der Geheimnishaftigkeit der Dichtung durch die prosaische Auflistung ihrer denkbaren Herkünfte. Ist es das, was wir lesen wollten? Was kommt unter den Optionen des Nichtwissens zum Vorschein?

Das Lied ist ›wohl‹ zwischen dem 8. und 6. Jahrhundert aufgeschrieben worden, vielleicht im fünften (wobei nicht vergessen werden darf, daß die Datierung archäologischer Funde in der Regel um höchstens fünfzig Jahre differiert). Warum der Text jede präzise Datierung unterläuft, erklärt sich zum Teil aus der Sprachgestalt, denn ins Hebräische sind aramäische Elemente eingestreut, Persisches, ein griechisches Wort (III, 9), und bei manchem Wort weiß man überhaupt nicht, was es heißt, und versucht irgendeine arabische Analogie heranzuziehen. Der Text, der sich in den Übersetzungen so glatt und wie aus einem Atem liest, ist also eher ein vielstimmiger Klangkörper, mit Echos von etwas, dessen Herkunft verloren ist. Oder ein zusammengestückeltes Gefäß, in dem die Bruchstellen sichtbar sind und die fehlenden Scherben besonders vermißt werden. Aber was sich erhalten hat, ist alles andere als ein karges Dokument archaischer Frühe – es läßt die Pracht und den Glanz einer hochentwickelten Kultur ahnen, die weitverzweigte Handelsbeziehungen unterhielt, nach Ägypten, Westafrika, Indien, den Herkunftsländern mancher Gewürze, Düfte und Steine. Obwohl die Schauplätze des Liedes vor allem im Königreich Judah – mit Jerusalem und En-Gedi – liegen, ›spielt‹ ein Teil im Nordreich Israel, das 721 fiel, mit dem Libanon und Antilibanon, der Scharonebene, dem Karmel, dem Gileadgebirge, der von den Assyrern zerstörten Stadt Tirzah. Datieren läßt sich von diesen Ortsangaben her nicht, weil eben zu viele Wörter im Gedicht stehen, die aus späteren Jahrhunderten stammen. Vielleicht öffnet aber gerade das Nebeneinander weit auseinander liegender, zur Zeit der Niederschrift kaum mehr erreichbarer Orte und die Gleichzeitigkeit verschiedener Zeiten, öffnen die unvermittelten Abbrüche und die oft ebenso unvermittelten Wiederholungen den Blick für eine andere Lektüre.

Denn Theologie und Bibelkritik haben es nicht vermocht, dem Lied sein Geheimnis und seinen Zauber zu nehmen. Wir suchen in ihm immer noch das, was uns, bevor wir etwas ›wußten‹, elektrisierte, und wir finden es, finden es wieder und wieder, wenn wir, was wir ›wissen‹ (und was war das schon?) ›vergessen‹, oder vom Wissen, von der ›Meinung‹, zu dem zurückgehen, was dasteht: zum Ungrund des Gedichts. Dem sich auszusetzen, dafür sich offenzuhalten, ist schwer, weil wir ja immer schon zu verstehen meinen – statt aufs Wort zu hören, eine Bedeutung dafür einsetzen. Aber nicht auf das, was der Text ›meint‹, kommt es hier an, sondern auf das, was er sagt. So wie Liebe nicht zu verstehen ist – sie ist ›da‹, unbegründbar, ungerufen, ungefragt.

Es ist auch kaum wichtig, ob hier Liebende einander ansingen mit autonomer Stimme – beide sprechen *aus* dem andern, aber ›für sich‹, ohne Unterordnung –, oder ob einer, ob eine, die Liebe träumt, denn die phantastische Radikalität solcher Liebe hebt solche Unterscheidungen auf. Deshalb lassen sich die Bilder und Vergleiche auch als Traumsequenzen lesen, in ihrer schlaglichtartigen Überdeutlichkeit, in ihrer oft freigesetzten, das Bild gleichsam ausleuchtenden Bizarrerie, in ihrem übergangslosen Gleiten von Bild zu Bild, den Abbrüchen und unvermittelten Neuansätzen auf anderer Bildebene, den insistierenden Wiederholungen. Zugleich lassen sich die Wortkaskaden aber auch sehen als Wahrnehmungen oder Vorstellungen des geliebten Gegenübers, den Körper hinauf und hinab, immer mit dem Blick für das Einzelne, Konkrete, wie es aufscheint im Moment einer Bewegung. Das Ineins von Traum und Vorstellung/Wahrnehmung ist erzeugt von der Physiologie. In den Zeilen ist immer der Atem der jeweils Sprechenden zu spüren – der beschleunigte oder verlangsamte Atem, der hechelnde, der aussetzende, der nach Luft ringende und manchmal, selten, auch der gleichmäßige. Und von dieser Fundierung im Körper sind wiederum die Bilder bestimmt, die die Zonen des und der Geliebten ganz aus den Sinnen vergegenwärtigen – das jähe Horchen auf die Stimme, die Augen-Blicke, die Skalen der Düfte, des Riechens und Schmeckens, das Getast und Gefühl. Hier gibt es (noch) keine Sinnenhierarchie – ein jeder Sinn hat seinen Raum und seine Zeit, nur sind es vielleicht die morgenländischen Düfte – das Flüchtigste –, die am stärksten haftenbleiben. Die Aufmerksamkeit für Körperregungen geht so weit, daß sogar die Organe, die die Laute hervorbringen, die Artikulationswerkzeuge, genannt sind – »Sprachgliedmaßen« ist das unübertroffene Wort, das Moses Mendelssohn dafür gefunden hat.

Die hier skizzierte Lektürerichtung – ›Sinn‹ heißt Richtung – ist nicht Interpretation, sondern sie folgt dem Hebräischen aufs Wort, ohne nach einer ›höheren Bedeutung‹ zu fragen oder die bibelkritische Zerlegung in soundsoviele Liedtypen zu berücksichtigen. Es ist erstaunlich, wie genau das Hebräische Wahrnehmungs- und Empfindungsabläufe wiedergeben kann, weil es in seiner lockeren parataktischen Syntax offen ist für unvermittelte Erweiterungen, für wechselnde Redegesten, die geradezu physisch spüren lassen, daß es sich um einen gesprochenen oder gesungenen, keineswegs um einen geschriebenen Text handelt. Verwandelt man das in abgeschlossene, grammatisch korrekte Buchsätze, wie es bis auf Buber und Rosenzweig alle Übersetzer getan haben, weil die Struktur der eigenen Sprache es angeblich verlangte und weil man die Lücken im Text glaubte schließen zu sollen, so ist der Charakter des Liedes gänzlich verändert: aus dem leichthin Gesagten, den raschen Wechseln der Freude und der Trauer, der fiebernden Leidenschaft und dem Verstummen, aus all der Vielfalt der Töne werden auf Tafeln gegrabene Gesetze. Wenn ich also versucht habe, der Wortordnung des Originals weitgehend zu folgen, auch wenn sich etwas im Deutschen merkwürdig ausnimmt, was im Hebräischen ›ganz normal‹ ist, dann weniger, um das Eigentümliche des Fremden im Eigenen durchscheinen zu lassen (wie Buber und Rosenzweig es wollten), als vielmehr deshalb, weil sonst die Wahrnehmungen anders verliefen, die Töne und Tonwechsel nicht hörbar, die Rhythmen nicht spürbar wären. Auch die Semantik des Liedes, sofern sie sich bestimmen läßt, ist von einer kaum einholbaren Konkretion, wie ja überhaupt das Hebräische über Jahrhunderte, bis zu Maimonides, kaum zu Abstraktionen fähig war. Hier hat man sich in den Übersetzungen gern verschleiernder, entsinnlichter Wörter bedient (wie ›Hüfte‹ für das, was anatomisch darunter liegt). Aber selbst bei solchen Wörtern, deren Bedeutung eindeutig geworden ist, wie ›Seele‹ für ›nephesh‹, fördert der Rückgang auf die ursprüngliche oder Grundbedeutung manchmal etwas zutage, was dem Wort im Zusammenhang eine unwiderstehliche Wendung gibt (›nephesh‹ als ›Kehle‹ oder ›Atem‹): so sucht das einsame Mädchen auf dem Bett ihren Geliebten nicht mit der Seele, sondern mit dem atmenden Leib. Wieder andere Wörter – die dunklen oder verderbten oder nur hier belegten – wirken wie Joycesche Überblendungen von Stimmen, die sich nicht mehr sinnvoll verstehend trennen lassen. Und das öffnet das weite Feld der Fragen, ob denn die Wortgrenzen, so wie sie bei der Niederschrift festgelegt wurden, richtig sind, oder ob man auch anders abteilen könnte, wodurch ein völlig neuer Sinn entstünde. *Finnegans Wake*-Leser kennen solche Fragen und sprechen von der Gleich-Gültigkeit des Möglichen. Beim Hohenlied könnte ein gewitzter Redaktor Ähnliches im Sinn gehabt haben – das Schweben zwischen Bedeutungen oder deren fernen Echos als ein Verwischen der Grenzen oder der anders nie gesagten Vereinigung der aufeinander zu Lebenden.

Wenn man mit einer Art zweiten Naivität auf das Hohelied blickt und allem, was man mitbekommen hat an Wahrnehmungsausstattung durch das moderne Gedicht, dann nimmt der Text noch einmal eine neue Wendung. Dann suchen wir nicht mehr nach Verknüpfungen, Zusammenhängen – wir erkennen die Autonomie des einzelnen, des Moments, des Plötzlichen. Man bedauert auf einmal nicht mehr das Fragmentarische der Überlieferung, denn man weiß – plötzlich –: so muß es sein. Ohne Anfang, ohne Ende, ohne Mitte. Lyrik ohne Lyrismen. Mit einer Intensität im Einmaligen, zu der jede Dauer im Widerspruch stünde, nur zusammengehalten durch ein forttreibendes untergründiges Pochen, einen sozusagen inneren Atem, ein inneres Ohr, den Rausch des Unverhofften. Daß da immer wieder etwas zu ›fehlen‹ scheint, läßt sich auch umgekehrt lesen als die Kunst der Aussparung – ein leeres Blatt und am Rand eine einzelne Blüte. »Sometimes silence can be very loud« (John Cage).

Ich habe versucht, die alten Buchstaben mit den Sinnen neu zu lesen. Nachzufühlen, nachzuhorchen, *was* sie sagen und *wie* sie es sagen. Darüber werden Wirkungsgeschichte und historische ›Bedingungen‹ eher zu einer Verlegenheit oder einem Abwehrgestus. Die Übersetzung möchte Wieder-Gabe sein: der Versuch, etwas zurückzugeben von dem, was mich in diesen Zeilen immer neu in Atem hielt.

DAS HOHELIED SALOMOS

I

1
SHIR HASH-SHIRIM
'asher li-Shĕlomoh

2
jishshaqé-ni min-nĕshiqot pí-hu ki tovim dodé-cha mij-jájin

3
lĕ-réach shĕmané-cha tovim   shémen turaq shĕmé-cha
     'al ken 'alamot 'ahevú-cha

4
moshché-ni 'acharé-cha narútsah   hevi 'á-ni ham-mélech
                                 chadara-w
nagílah wĕ-nismĕchah bach   nazkírah dodé-cha mij-jájin
      mesharim 'ahevú-chah

I

1
DAS LIED DER LIEDER,
das Shelomos ist.

2
Küßte er mich
mit Küssen seines Munds –
So gut
sind deine Zärtlichkeiten,
mehr als Wein.

3
Der Duft deiner Öle –
wie gut,
ausgegossenes Öl –
dein Name.
Darum ja
lieben die Mädchen dich.

4
Zieh mich mit dir,
machen wir schnell.
Mich
läßt er kommen,
der König,
in seine Gemächer –
jauchzen wir und jubeln –
ja du –
besingen deine Zärtlichkeiten
mehr als Wein.
Unverstellte
lieben dich.

5
shĕchorah ’ani wĕ-navah   bĕnot Jĕrushalájim
kĕ-’ohole Qedar   k-iri ‘ot Shĕlomoh

6
’al tir’ú-ni she-’ani shĕcharchóret   shesh-shĕzaphát-ni
                                    hash-shámesh
bĕne ’imm-i nicharu vi   samú-ni noterah ’et hak-kĕramim
        karm-i shel-li lo’ natárti

7
haggídah li she-’ahăvah naphsh-i
’echah tir‘eh   ’echah tarbits bats-tsohorájim
shal-lámah ’ehjeh kĕ-‘otjah   ‘al ‘edre chaberé-cha

8
’im lo’ ted‘i lach   haj-japhah ban-nashim
tsĕ’i lach bĕ-‘iqve hats-tson   u-rĕ‘i ’et-gĕdijjotáj-ich
        ‘al mishkĕnot ha-ro‘im

5
Schwarz bin ich
und schön,
Töchter Jerushalajims,
wie die Zelte Kedars
wie die Behänge Shelomos.

6
Seht mich nicht so an,
weil ich wie schwarz bin –
getroffen
hat mich die Sonne.
Die Söhne meiner Mutter schnaubten mich an,
hießen mich die Weinberge hüten –
und meinen Weinberg,
ja meinen,
hüte ich nicht.

7
Ja sag mir du,
den mein Atem liebt,
wo wirst du weiden,
wo lagern
zu Mittag?
Denn was
soll ich wie eine Verhüllte sein,
eine Schmachtende,
um die Herden deiner Gefährten?

8
Weißt du's nicht, du
Allerschönste unter den Frauen,
geh nur den Spuren der Schafe und Ziegen nach
und weide deine Zicklein
bei den Hirtenzelten.

9
lĕ-susat-i bĕ-richve Phar'oh   dimmiti-ch ra'jat-i

10
na'wu lĕchajáj-ich bat-torim   tsawwa're-ch ba-charuzim

11
tore zahav na'aseh lach   'im nĕquddot hak-káseph

12
'ad she-ham-mélech bi-msibb-o   nird-i natan rech-o

13
tsĕror ham-mor dod-i li   ben shada-j jalin

14
'eshkol hak-kópher dod-i li   bĕ-charme 'En Gédi

9
Einer Stute am Streitwagen Pharaos
vergleiche ich dich,
meine Liebste.

10
Zauberhaft –
deine Wangen
mit den Kettchen,
dein Hals
mit den Korallenschnüren.

11
Kettchen aus Gold
machen wir für dich,
gesprenkelt mit Silber.

12
Da der König um mich war,
duftete meine Narde.

13
Ein Strauß Myrrhe
ist mein Liebster, der zärtliche,
mir,
zwischen meinen Brüsten
weilt er die Nacht.

14
Ein Büschel Zyperntrauben
ist mein Liebster, der zärtliche,
mir
aus den Weinbergen von En-Gedi.

15

hinn-ach japhah ra'jat-i   hinn-ach japhah 'enáj-ich jonim

16

hinně-cha japheh dod-i 'aph na'im   'aph 'arsé-nu ra'ananah

17

qorot batté-nu 'arazim   rachité-nu běrotim

15
Sieh doch – schön bist du,
meine Liebste,
sieh doch – schön,
Deine Blicke
Tauben.

16
Sieh doch – schön bist du,
mein Liebster,
ja wie lieb,
Unser Bett
ja wie üppig grün.

17
Die Balken unseres Hauses –
Zedern,
unser Getäfel –
Wacholder.

II

1
’ani chavatstsélet hash-Sharon   shoshannat ha-‘amaqim

2
kĕ-shoshannah ben ha-chochim   ken ra‘jat-i ben hab-banot

3
kĕ-tappúach ba-‘atse haj-já‘ar   ken dod-i ben hab-banim
bĕ-tsill-o chimmádti wĕ-jashávti   u-phirj-o matoq lĕ-
                                                             chikk-i

4
hevi’á-ni ’el bet haj-jájin   wĕ-digl-o ‘ala-j ’ahavah

II

1
Ich bin die Herbstzeitlose von Sharon,
die Hyazinthe der Täler.

2
Wie eine Hyazinthe
unter dem Dorngestrüpp,
so, ja
ist meine Liebste
unter den Töchtern.

3
Wie ein Apfelbaum
unter Waldbäumen,
so, ja
ist mein Liebster
unter den Söhnen,
In seinen Schatten
sehn ich mich
und setz mich,
und seine Frucht –
süß
meinem Gaumen.

4
Er zog mich mit
ins Weinhaus,
und sein Banner über mir –:
Liebe.

5
sammĕchú-ni ba-'ashishot   rappĕdú-ni bat-tappuchim
          ki cholat 'ahavah 'áni

6
sĕmol-o táchat lĕ-rosh-i   w-imin-o tĕchabbĕqé-ni

7
hishbá'ti 'et-chem   bĕnot Jĕrushalájim
bi-tsva'ot 'o bĕ-'ajlot has-sadeh
'im ta'íru wĕ-'im tĕ'orĕru   'et ha-'ahavah 'ad shet-techpats

8
qol dod-i   hinneh-zeh ba'
mĕdalleg 'al he-harim   mĕqappets 'al hag-gĕva'ot

5
Ja stärkt mich doch
mit Traubenmost,
erquickt mich mit Äpfeln,
denn liebeskrank
bin ich,
ich.

6
Seine Linke
unter meinem Kopf,
und seine Rechte
umschlingt mich.

7
Ich beschwöre euch,
Töchter Jerushalajims,
bei den Gazellen
oder den Damhirschkühen
des Feldes –
wenn ihr sie weckt!
wenn ihr sie aufweckt!,
die Liebe,
bis es beliebt …!

8
Die Stimme meines Liebsten,
horch doch – da –
er kommt gesprungen
über die Berge,
gehüpft
über die Höhn.

9
domeh dod-i li-tsvi 　　　　　　　　'o lě-'opher ha-'ajjalim
hinneh zeh 'omed 　　　　　　　　　'achar kotlé-nu
mashgíach min ha-challonot 　　　　mětsits min ha-charakkim

10
'anah dod-i 　　　　　　　　　　　wě-'amar li
qúmi lach ra'jat-i 　　　　　　　　japhat-i u-lchi lach

11
ki hinneh has-sětaw 'avar 　　　hag-géshem chalaph halach lo

12
han-nitstsanim nir'u va-'árets 　　　　　'et haz-zamir higgía'
　　　we-qol hat-tor nishma' bě-'artsé-nu

9
Er gleicht,
mein Liebster,
einer Gazelle
oder einem Damhirschböckchen,
Sieh doch – da –
er bleibt stehn
hinter unsrer Mauer,
schaut durch die Fenster,
strahlt durch die Gitter.

10
Da rief mein Liebster
und sprach zu mir –
Auf, du,
meine Liebste,
meine Schöne,
und komm du.

11
Denn sieh doch –
der Winter ist vergangen,
der Regen ist vorbei und dahin.

12
Die Blümchen
sind schon heraus
auf der Erde –
die Zeit zu singen
ist da –
und die Stimme der Turteltaube
ist zu hören
über unsrer Erde.

13

hat-tĕ'enah chanĕtah phaggé-ha   we-hag-gĕphanim
                                      sĕmadar natĕnu réach
qúmi lach ra'jat-i   japhat-i u-lchi la-ch

14

jonat-i bĕ-chagwe has-séla'   bĕ-séter ham-madregah
har' í-ni 'et mar' áj-ich   hashmi 'í-ni 'et qole-ch
ki qole-ch 'arev   u-mar'e-ch naweh

15

'echĕzu lánu shu'alim   shu'alim qĕtannim
mĕchabbĕlim kĕramim   u-chramé-nu sĕmadar

16

dod-i li   wa-'ani lo   ha-ro'eh bash-shoshannim

13
Der Feigenbaum
treibt Früchte,
und die Traubenblütenknospen
geben Duft.
Auf, du,
komm, meine Liebste,
meine Schöne,
und komm du.

14
Meine Taube in den Felsklüften,
im Klippenversteck,
laß mich erblicken
deinen Anblick,
hören
deine Stimme,
denn deine Stimme ist betörend,
dein Anblick lieblich.

15
Fangt sie uns,
die Füchse,
Füchse, die kleinen,
die Verwüster der Weinberge –
und unsere Weinberge –
Blütenknospen.

16
Mein Liebster
mein,
und ich
sein,
der unter Hyazinthen weidet,
den dunkelblauen.

'ad shej-japhúach haj-jom   we-násu hats-sĕlalim

sov dĕmeh lĕ-cha dod-i li-tsvi   'o lĕ-'opher ha-'ajjalim

'al hare váter

17
Bis wehn wird der Tag
und die Schatten flüchten,
kehr wieder,
werde gleich du,
mein Liebster,
einer Gazelle
oder einem Damhirschböckchen
in den Bergschluchten.

III

1

'al mishkav-i bal-lelot biqqáshti   'et she-'ahavah naphsh-i
biqqashti-w   wĕ-lo' mĕtsati-w

2

'aqúmah na' wa-'asovĕvah va-'ir   bash-shĕwaqim u-va-
                                              rĕchovot
        'avaqsha 'et she-'ahavah naphsh-i
biqqashti-w   we-lo' mĕtsati-w

3

mĕtsa' ú-ni hash-shomĕrim   has-sovĕvim ba-'ir
        'et she-'ahavah naphsh-i rĕ'item

4

kim'at she-'avárti me-hem   'ad shem-matsáti
'et she-'ahavah napsh-i   'achazti-w wĕ-lo' 'arpén-nu
'ad she-have'ti-w 'el bet 'imm-i   wĕ-'el chéder horat-i

III

1
Auf meinem Bett
in den Nächten
sucht ich,
den mein Atem liebt,
ich suchte ihn
und fand ihn nicht.

2
Ich will doch aufstehn
und herumgehn in der Stadt,
in den Gäßchen und auf den Plätzen
will ich suchen,
den mein Atem liebt.
Ich suchte ihn
und fand ihn nicht.

3
Es fanden mich die Wächter,
die herumgehn in der Stadt –
Den mein Atem liebt,
saht ihr den?

4
Kaum daß ich an ihnen vorbei war,
da fand ich,
den mein Atem liebt,
ich packte ihn
und ließ ihn nicht los,
bis ich ihn heimbrachte
ins Haus meiner Mutter
und ins Gemach der,
die mich empfing.

5
hishbá'ti 'et-chem   běnot Jěrushalájim
          bi-tsva'ot 'o bě-'ajlot has-sadeh
'im ta'íru wě-'im tě'orěru   'et ha-'ahavah 'ad shet-techpats

6
mi zot 'olah min ham-midbar   kě-timarot 'ashan
měquttéret mor u-lvonah   mik-kol 'avqat rochel

7
          hinneh mittat-o shel-li-Shělomoh
shishshim gibborim saviv la-h   mig-gibbore Jisra'el

8
kull-am 'achuze chérev   mělumměde milchamah
'isch charb-o 'al jěrech-o   mip-páchad bal-lelot

5
Ich beschwöre euch
Töchter Jerushalajims,
bei den Gazellen
oder den Damhirschkühen
des Feldes –
wenn ihr sie weckt!
wenn ihr sie aufweckt!,
die Liebe,
bis es beliebt …!

6
Was ist, das
da heraufzieht aus der Wüste
wie Rauchsäulen,
aufsteigender Rauch,
umduftet
von Myrrhe und Weihrauch,
von allem Gewürzgestäub des Händlers?

7
Seht doch –
das Tragbett –
Shelomos –
sechzig Starke um es her,
von den Starken Israels.

8
Alle
Schwerttragende,
Kampfkundige,
jeder
sein Schwert an der Seite
gegen den Schrecken der Nächte.

9
’appirjon ‘asah lo ham-mélech   Shĕlomoh me-‘atse hal-
                                             Lĕvanon

10
‘ammuda-w ‘asah chéseph   rĕphidat-o zahav
merkav-o ’argaman   toch-o ratsuph ’ahavah
              mib-bĕnot Jĕrushalájim

11
tsĕ’éna u-r’énah   bĕnot Tsijjon
bam-mélech Shĕlomoh ba-‘atarah   she-‘ittĕrah lo ’imm-o
be-jom chatunnat-o   u-vĕ-jom simchat libb-o

9
Einen Prunksessel
hat er sich gemacht,
der König,
Shelomo,
aus Hölzern des Libanon.

10
Seine Säulen hat er gemacht silbern,
seine Lehnen golden,
seinen Sitz purpurn,
sein Inneres eingelegt –
Liebe,
Töchter Jerushalajims.

11
Kommt her und seht,
Töchter Zijons –
auf den König,
Shelomo,
in seinem Blumenkranz,
womit seine Mutter ihn bekränzte
am Tag seiner Hochzeit
und am Tag der Freude seines Herzens.

IV

1

hinn-ach japhah ra'jat-i   hinn-ach japhah
'enáj-ich jonim   mib-bá'ad lě-tsammate-ch
sa're-ch kě-'éder ha-'izzim   sheg-galěshu me-har Gil'ad

2

shinnáj-ich kě-'éder haq-qětsuvot   she-'alu min ha-
                                                 rachtsah
shek-kull-am mat'imot   wě-shakkulah 'en ba-hem

3

kě-chut hash-shani siphtotáj-ich   u-midbare-ch na'weh
kě-phélach ha-rimmon raqqate-ch   mib-bá'ad lě-
                                                 tsammate-ch

IV

1
Sieh doch – schön bist du,
meine Liebste,
sieh doch – schön –
Deine Blicke
Tauben hinter deinem Lockenschleier,
Dein Haar
wie eine Herde Ziegen,
die herabwogen vom Berg Gil'ad.

2
Deine Zähne
wie eine Herde Geschorener,
die heraufziehn aus der Schwemme,
alle
doppelt trächtig
und fehl wirft
nicht eins
unter ihnen.

3
Wie ein Band ein purpurfarbenes
deine Lippen
und deine Sprachgliedmaßen lieblich,
Wie eine aufgesprungene Granatfrucht
deine Schläfe
hinter deinem Lockenschleier.

4
kĕ-migdal Dawid tsawwa're-ch   banuj lĕ-talpijot
'éleph ham-magen taluj 'ala-w   kol shilte hag-gibborim

5
shĕne shadáj-ich ki-shne 'opharim   tĕ'ome tsĕvíjjah
                ha-ro'im bash-shoshannim

6
'ad shej-japhúach haj-jom   wĕ-nasu hats-tsĕlalim
'elech li 'el har ham-mor   wĕ-'el giv'at hal-lĕvonah

7
kull-ach japhah ra'jat-i   u-mum 'en bach

8
'itt-i mil-Lĕvanon kallah   'itt-i mil-Lĕvanon tavó'i
tashúri me-rosh 'Amanah   me-rosh Sĕnir we-Chermon
mim-mĕ'onot 'arajot   me-harĕre nĕmerim

4
Wie Davids Turm
dein Hals
gebaut in Steinumgängen,
tausend Schilde hängen dran,
die ganzen Waffen der Starken.

5
Deine zwei Brüste
wie zwei Kitzchen,
ein Gazellenpärchen
weidend unter den Hyazinthen
den dunkelblauen.

6
Bis wehn wird der Tag
und die Schatten flüchten
will ich gehn
hin
zum Myrrhenberg
und zum Weihrauchhügel.

7
Ganz und gar
schön bist du,
meine Liebste,
und makellos
du.

8
Mit mir vom Libanon, Braut,
mit mir vom Libanon, komm,
Sieh um dich
von der Höhe Amanah
von der Höhe Senir und vom Hermon
von den Schutzfelsen der Löwen
von den Bergen der Panther.

9
libbavtí-ni 'achot-i challah   libbavtí-ni bĕ-'achad me-
                                                'enáj-ich
      bĕ-'achad 'anaq mits-tsawwĕronáj-ich

10
mah japhu dodáj-ich 'achot-i challah   mah tovu dodáj-ich
                                                mij-jájin
      wĕ-réach shĕmanáj-ich   mik-kol bĕsamim

11
nóphet tittóphnah siphtotáj-ich kallah   dĕvash we-chalav
                                          táchat lĕshoné-ch
      wĕ-réach salmotáj-ich   kĕ-réach Lĕvanon

12
gan na'ul 'achot-i challah   gan na'ul ma'jan chatum

13
shĕlacháj-ich pardes rimmonim   'im pĕri mĕgadim
kĕpharim 'im nĕradim

9
Mein Herz hast du betört,
meine Schwester, Braut,
mein Herz hast du betört
mit einem deiner Blicke
und einem Glied deines Halsschmucks.

10
Wie schön –
deine Zärtlichkeiten,
meine Schwester, Braut,
wie gut –
deine Zärtlichkeiten
mehr als Wein,
Und der Duft deiner Öle
mehr als alles Gewürz.

11
Honig fließt von deinen Lippen, Braut,
Honig und Milch
unter deiner Zunge,
Und deiner Gewänder Duft
wie Duft des Libanon.

12
Ein behüteter Garten
meine Schwester, Braut,
ein behüteter Brunnen,
ein versiegelter Quell.

13
Dein Gesproß
ein Paradies
von Granatbäumen
mit köstlicher Frucht,
Zyperntrauben mit Narden.

nerd wĕ-charkom
qaneh wĕ-qinnamon 'im kol 'atse lĕvonah
mor wa-'ahalot 'im kol rashe vĕsamim

15
ma'jan gannim bĕ'er májim chajjim   wĕ-nozĕlim min-
Lĕvanon

16
'úri tsaphon   u-vó'i teman   haphíchi gann-i jizzĕlu
vĕsama-w
javo dod-i lĕ-gann-o   wĕ-jochal pĕri mĕgada-w

14
Narde und Safran,
Würzrohr und Zinnamom
mit allem Weihrauchgesträuch,
Myrrhe und Aloe
mit feinstem Gewürz.

15
Ein Brunnen in Gärten,
ein Springquell der Wasser des Lebens
niederströmend vom Libanon.

16
Reg dich, Nordwind,
und komm, Südwind,
durchweh meinen Garten,
daß sie strömen,
seine Gewürze,
Da komme mein Liebster, der zärtliche,
in seinen Garten
und esse seine köstliche Frucht.

V

1

báti lĕ-gann-i 'achot-i challah
'achálti ja'r-i 'im divsh-i
'ichlu re'im

'aríti mor-i 'im bĕsam-i
shatíti jen-i 'im chalav-i
shĕtu we-shichru dodim

2

'ani jĕshenah wĕ-libb-i 'er
pitchi li 'achot-i ra'jat-i
sher-rosh-i nimla' tal

qol dod-i dopheq
jonat-i tammat-i
qĕwwutstsota-j rĕsise lájlah

V

1
Ich komme in meinen Garten,
meine Schwester, Braut,
ich pflücke meine Myrrhe
mit meinem Gewürz,
ich esse meine Wabe
mit meinem Honig,
ich trinke meinen Wein
mit meiner Milch.

Ja eßt doch, Freunde,
trinkt und werdet trunken –
Liebste.

2
Ich schlafe
und mein Herz wacht.
Die Stimme –
mein Liebster –
klopft –
Mach mir auf,
meine Schwester, meine Liebste,
meine Taube, meine Vollkommene.
Mein Kopf –
voller Tau,
meine Locken –
voll Tropfen der Nacht.

3

pashátti ’et kuttont-i   ’echachah ’elbashén-na
rachátsti ’et ragla-j   ’echachah ’atannĕph-em

4

dod-i shalach jad-o min ha-chor   u-me‘a-j hámu ‘ala-w

5

qámti ’ani liphtóach lĕ-dod-i   wĕ-jada-j natĕphu mor
wĕ-’etsbĕ ‘ota-j mor ‘over   ‘al kappot ham-man‘ul

6

patáchti ’ani lĕ-dod-i   wĕ-dod-i chamaq ‘avar
       naphsh-i jats’ah vĕ-dabbĕr-o
biqqashtí-hu wĕ-lo’ mĕtsa’tí-hu   qĕra’ti-w wĕ-lo’ ‘aná-ni

3
Ich hab mein Hemd ausgezogen.
Ja wie –
soll ichs anziehn?
Ich hab meine Füße gewaschen.
Ja wie –
soll ich sie schmutzig machen?

4
Mein Liebster fuhr mit der Hand
durch den Spalt
und meine Herzgegend
bebte ihm entgegen.

5
Auf stand ich
meinem Liebsten aufzutun
und meine Hände troffen von Myrrhe
und meine Finger –
Myrrhe,
die floß
über die Riegel des Schlosses.

6
Auf tat ich
meinem Liebsten
und mein Liebster
war fort und davon.
Meine Sinne schwanden,
da er sprach.
Ich suchte ihn
und fand ihn nicht,
ich rief ihn
und er antwortete nicht.

7
mĕtsa'ú-ni hash-shomĕrim   has-sovĕvim ba-'ir
        hikkú-ni phĕtsa'ú-ni
nas'u 'et rĕdid-i me-'ala-j   shomre ha-chomot

8
hishbá'ti 'et-chem   bĕnot Jĕrushalájim
'im timtsĕ'u 'et dod-i   mah taggídu lo
       she-cholat 'ahavah 'áni

9
mah dode-ch mid-dod   haj-japha ban-nashim
mah dode-ch mid-dod   shek-káchah hishba'tá-nu

10
dod-i tsach wĕ-'adom   dagul me-rĕvavah

7
Es fanden mich die Wächter,
die herumgehn in der Stadt,
sie schlugen mich,
sie verletzten mich,
sie rissen mir weg meinen Umhang,
die Wächter der Mauern.

8
Ich beschwöre euch,
Töchter Jerushalajims,
wenn ihr ihn findet,
meinen Liebsten,
was sagt ihr
ihm?
Wie
liebeskrank
ich bin.

9
Was hat dein Liebster
vor andern Liebsten, du
Allerschönste unter den Frauen,
was hat dein Liebster
vor andern Liebsten,
daß du so
uns beschwörst?

10
Mein Liebster –
gluthell und erdrot,
sticht hervor
unter zehntausend.

II

rosh-o kétem paz
qĕwutstsota-w taltallim   shĕchorot ka-'orev

12
'ena-w kĕ-jonim   'al 'aphiqe májim
rochatsot be-chalav   joshvot 'al millet

13
lĕchaja-w ka-'arugat hab-bósem   migdĕlot merqachim
siphtota-w shoshannim   notĕphot mor 'over

14
jada-w gĕlile zahav   mĕmulla'im bat-tarshish
me'a-w 'éshet shen   mĕ'ulléphet sappirim

11
Sein Kopf –
Gold, lauteres Gold,
seine Locken –
Dattelpalmenblätter,
rabenschwarze.

12
Seine Blicke –
wie Tauben an Wasserquellen,
milchgeschwemmt,
die da stehn in der Fülle.

13
Seine Wangen –
Gewürzbeete,
Duftkräuter treibend,
seine Lippen –
Hyazinthen,
die triefen
von fließender Myrrhe.

14
Seine Hände –
Rollen von Gold,
mit Tarshish-Stein besetzt,
Sein Bauch –
glattes Elfenbein,
mit Lapislazuli bedeckt.

15
shoqa-w 'ammude shesh
mar'é-hu kal-Lĕbanon

mĕjussadim 'al 'adne phaz
bachur ka-'arizim

16
chikk-o mamtaqqim
zeh dod-i wĕ-zeh re'-i

wĕ-chull-o machamaddim
bĕnot Jĕrushalájim

15
Seine Schenkel –
Marmorsäulen, fest
auf Sockeln von Gold,
sein Anblick –
wie der Libanon,
erlesen
wie Zedern.

16
Sein Gaumen –
Süßigkeiten,
und sein Alles –
Kostbarkeiten.

Das
ist mein Liebster,
und das
mein Freund,
Töchter Jerushalajims.

VI

1

'anah halach dode-ch   haj-japhah ban-nashim
'anah panah dode-ch   u-nĕvaqĕshén-nu 'imm-ach

2

dod-i jarad lĕ-gann-o   la-'arugot hab-bósem
lir'ot bag-gannim   wĕ-lilqot shoshannim

3

'ani lĕ-dod-i   wĕ-dod-i li   ha-ro'eh bash-shoshannim

VI

1
Wohin ist er gegangen,
dein Liebster, du
Allerschönste unter den Frauen,
wohin hat er sich gewandt,
dein Liebster,
daß wir ihn suchen
mit dir.

2
Mein Liebster
ist hinabgegangen
in seinen Garten
zu den Gewürzbeeten –
er weidet
in den Gärten
und pflückt sich
Hyazinthen.

3
Ich bin sein,
meines Liebsten,
und mein ist
mein Liebster,
der unter Hyazinthen weidet,
den dunkelblauen.

4
japhah 'att ra'jat-i kĕ-Tirtsah   na'wah k-Irushalájim
          'ajummah kan-nidgalot

5
hasébbi 'enáj-ich min-negd-i   she-hem hirhivú-ni
sa're-ch kĕ-'éder ha-'izzim   sheg-galĕshu min hag-Gil'ad

6
shinnáj-ich kĕ-'éder ha-rĕchelim   she-'alu min ha-rachtsah
shek-kull-am mat'imot   wĕ-shakkulah 'en ba-hem

7
kĕ-phélach ha-rimmon raqqate-ch   mib-bá'ad lĕ-
                                   tsammate-ch

4
Schön bist du,
meine Liebste,
wie Tirzah,
lieblich
wie Jerushalajim,
schrecklich
wie ein Heer unter Bannern.

5
Wende ab deine Blicke,
von mir weg,
denn sie machen mich irr.
Dein Haar
wie eine Herde Ziegen,
die herabwogen vom Gil'ad.

6
Deine Zähne
wie eine Herde Mutterschafe,
die heraufziehn aus der Schwemme,
alle
doppelt trächtig
und fehl wirft
nicht eins
unter ihnen.

7
Wie eine aufgesprungene Granatfrucht
deine Schläfe
hinter deinem Lockenschleier.

8

shishshim hémmah mělachot   u-shmonim pilagshim
          wa-'alamot 'en mispar

9

'achat hi' jonat-i tammat-i   'achat hi' lě-'imm-ah
          barah hi' lě-joladt-ah
ra'ú-ha vanot wa-j'ashshěrú-ha   mělachot u-philagshim
                              wa-jhalělú-ha

10

mi zot han-nishqáphah kěmo sháchar   japhah chal-lěvanah
barah ka-chammah   'ajummah kan-nidgalot

8
Sechzig sinds –
Königinnen,
und achtzig Nebenfrauen
und Mädchen ohne Zahl.

9
Eine – sie,
meine Taube,
meine Makellose –
Eine – sie,
ihrer Mutter
auserwählt, sie
ihrer Gebärerin.
Es sahn sie die Töchter
und priesen sie glücklich,
Königinnen und Nebenfrauen,
und rühmten sie.

10
Wer ist das,
die da herabschaut,
ja,
wie das Morgenrot,
schön wie der Mond,
lauter wie Sonnenglast,
schrecklich
wie ein Heer unter Bannern?

11

'el ginnat 'egoz jarádti   lir'ot bě-'ibbe han-náchal
lir'ot ha-pharěcha hag-géphen   henétsu ha-rimmonim

12

lo' jadá'ti naphsh-i   samát-ni   markěvot   'amm-i nadiv

11
Zum Nußgarten
bin ich hinabgegangen,
zu sehn das Gesprieße
im Wadi,
zu sehn
ob sie knospt,
die Rebe,
ob sie blühn,
die Granatbäume.

12
Ich habs nicht gewußt,
mein Atem –
versetzt hat es mich –
die Thronwagen –
mein Volk,
fürstlich.

VII

shúvi shúvi hash-Shulammit   shúvi shúvi wĕ-nechĕzeh bach
ma techĕzu bash-Shulammit   ki-mcholat ham-machanájim

ma japhu phĕ'amáj-ich ban-nĕ 'alim   bat nadiv
chammuqe jĕrecháj-ich kĕmo chala'im   ma'aseh jĕde
                                                                    'omman

shorre-ch 'aggan has-sáhar   'al jechsar ham-mazeg
bitne-ch 'aremat chittim   sugah bash-shoshannim

shĕne shadáj-ich ki-shne 'opharim   to'ome tsĕvíjjah

6

VII

1
Dreh dich, dreh dich,
du Shulamith,
dreh dich, dreh dich,
wir wollen dich sehn.
Was wollt ihr sehn
an Shulamith?
Freudentänze, so was,
vor den zwei Lagern.

2
Wie schön –
deine Schritte in den Sandalen,
Fürstentochter,
die Rundungen
deiner Gesäßgegend –
diese Pracht,
ein Werk von Meisterhand.

3
Dein Schoß –
ein tiefer Kelch,
dem der Würzwein nie fehle,
Dein Bauch
ein Weizenhügel
mit Hyazinthen umsteckt.

4
Deine zwei Brüste –
wie zwei Kitzchen,
ein Gazellenpärchen.

5
tsawwa're-ch kĕ-migdal hash-shen
'enáj-ich bĕrechot bĕ-Chéshbon   'al sha'ar Bat-Rabbim
'appe-ch kĕ-migdal hal-Lĕvanon   tsophe pĕne Dammáseq

6
roshe-ch 'aláj-ich kak-Karmel   wĕ-dallat roshe-ch ka-
                                                    'argaman
                       mélech 'asur ba-rĕhatim

7
mah japhit u–mah na'amt   'ahavah bat-ta'anugim

8
zot qomate-ch   damĕtah lĕ-tamar   wĕ-shadáj-ich lĕ-
                                                          'ashkolot

5
Dein Hals –
wie ein Elfenbeinturm,
deine Blicke –
Teiche zu Cheshbon
am Tor Bath-Rabbim,
deine Nase –
wie der Libanonturm,
der nach Dammaseq schaut.

6
Dein Kopf auf dir
wie der Karmel,
und das offene Haar deines Kopfs
wie Purpur –
ein König
ist verstrickt ins Gelock.

7
Wie schön
und wie lieblich bist du,
du Liebe
in der Lust.

8
Dies
dein Wuchs
gleicht der Palme
und deine Brüste
Traubenbüscheln.

9
'amárti 'e'ĕleh vĕ-tamar   'ochazah bĕ-sansinna-w
wĕ-jihju na' shadáj-ich   kĕ-'eshkolot hag-géphen
          wĕ-réach 'appe-ch kat-tappuchim

10
wĕ-chikke-ch kĕ-jen hat-tov   holech lĕ-dod-i lĕ-mesharim
          dovev siphte jĕshenim

11
'ani lĕ-dod-i   wĕ-'ala-j tĕshuqat-o

12
lĕcha dod-i   netse' has-sadeh   nalínah bak-kĕpharim

9
Ich sprach –
Ich will hinaufsteigen
in die Palme,
packen die Dattelrispen,
und sie sollen sein, ja,
deine Brüste
wie Traubenbüschel der Rebe,
und der Hauch deiner Nase
wie Äpfel.

10
Und dein Gaumen
wie Wein, der gute,
der meinem Liebsten weich hinunterströmt,
es tropfen
die Lippen
noch im Schlaf ...

11
Ich
bin meines Liebsten,
und nach mir
ist seine Sehnsucht.

12
Komm, mein Liebster,
laß uns hinausziehn ins Feld,
die Nacht bei den Dörfern bleiben,

13
nashkímah lak-kĕramim   nir'eh 'im parĕchah hag-géphen
pittach has-sĕmadar   henétsu ha-rimmonim
            sham 'etten 'et doda-j lach

14
had-duda'im natĕnu réach   wĕ-'al pĕtaché-nu kol mĕgadim
chadashim gam jĕshanim   dod-i tsaphánti lach

13
In der Früh in die Weinberge gehn,
sehn,
ob die Rebe knospt,
die Traubenblüte sich öffnet,
die Granatbäume blühn –
Da
schenk ich meine Liebe
Dir.

14
Die Liebesäpfel duften schon,
und an unsern Türen
die köstlichsten Früchte –
frische, ältere –
mein Liebster,
ich hab sie verwahrt, verborgen
für dich.

VIII

1

mi jitten-cha kĕ-'ach li   joneq shĕde 'imm-i
'emtsa'a-cha va-chuts 'eshshaqĕ-cha   gam lo' javúzu li

2

'enhaga-cha 'avi'a-cha   'el bet 'imm-i tĕlammĕdé-ni
'ashqĕ-cha mij-jájin ha-réqach   me-'asis rimmon-i

3

sĕmo'l-o táchat rosh-i   w-imin-o tĕchabbĕqé-ni

4

hishbá'ti 'et-chem   bĕnot Jĕrushalájim
mah ta'íru u-mah tĕ'orĕru   'et ha-'ahavah 'ad shet-techpats

74

VIII

1
Wärst du doch wie ein Bruder
mir,
der an den Brüsten meiner Mutter trank –
fänd ich dich draußen,
ich küßte dich, ja,
und keiner verhöhnte
mich.

2
Ich führte dich,
ich brächte dich
ins Haus meiner Mutter,
du würdest mich lehren,
ich gäb dir zu trinken
vom Würzwein,
vom Saft meiner Granatfrüchte.

3
Seine Linke
unter meinem Kopf,
und seine Rechte
umschlingt mich.

4
Ich beschwöre euch,
Töchter Jerushalajims,
wenn ihr sie weckt!
wenn ihr sie aufweckt!,
die Liebe,
bis es beliebt …!

5
mi zo't 'olah min ham-midbar   mitrappéqet 'al dod-ah
          táchat hat-tappúach 'orartí-cha
shámmah chibbĕlát-cha 'immé-cha   shámmah chibbĕlah
                                                        jĕladát-cha

6
simé-ni cha-chotam 'al libbé-cha   ka-chotam 'al zĕro'é-cha
ki 'azzah cham-máwet 'ahavah   qasha chi-shĕ'ol qin'ah
rĕshaphé-ha rishpe 'esh   shalhevet-jáh

5
Wer ist, die
da heraufzieht aus der Wüste,
gelehnt an ihren Liebsten?
Unter dem Apfelbaum
hab ich dich erweckt,
da
war in Wehn mit dir
deine Mutter,
da
war in Wehn,
die dich gebar.

6
Drück mich wie ein Siegel
auf dein Herz,
wie ein Siegel
auf deinen Arm,
Denn stark wie der Tod
ist die Liebe,
unerbittlich
wie Sheol
das Begehren,
ihre Brände Feuerbrände,
die unbändig lodern.

7
májim rabbim lo' juchlu   lĕchabbot 'et ha-'ahavah
        u-nharot lo' jishtĕphú-ha
'im jitten 'ish 'et kol hon bet-o ba-'ahavah   boz javúzu lo

8
'achot lá-nu qĕtannah   wĕ-shadájim 'en lah
ma na'aseh la-'achoté-nu   baj-jom shej-jĕdubbar bah

9
'im chomah hi'   nivneh 'alé-ha   tirat káseph
wĕ-'im délet hi'   natsúr 'alé-ha   lúach 'árez

10
'ani chomah   wĕ-shada-j kam-migdalot
'az hajíti vĕ-'ena-w   kĕ-mots'et shalom

7
Ganze Berge Wasser
können nicht löschen
die Liebe
und Fluten
sie nicht wegschwemmen.
Gäbe einer
alle Schätze seines Hauses
um Liebe,
man verhöhnte, verhöhnte ihn.

8
Eine Schwester haben wir,
eine kleine,
und Brüste hat sie noch nicht.
Was tun wir unserer Schwester
am Tag,
da sie versprochen werden soll?

9
Ist sie eine Mauer,
baun wir auf ihr eine Silberzinne,
ist sie eine offene Tür,
versperren wir sie
mit Zedernbrettern.

10
Ich
bin eine Mauer
und meine Brüste
wie Türme.
So
war ich in seinen Augen
wie eine,
die ihre Vollständigkeit fand.

11
kérem hajah li–Shĕlomoh   bĕ-Vá'al Hamon
natan 'et hak-kérem lan-notĕrim   'ish javí' bĕ-phirj-o 'éleph
                                            káseph

12
          karm-i shel-li lĕphana-j
ha-'éleph lĕ-cha Shĕlomoh   u-matájim lĕ-notĕrim 'et
                                        pirj-o

13
haj-joshévet bag-gannim   chavĕrim maqshivim
lĕ-qole-ch   hashmi'í-ni

14
         bĕrach dod-i
u-dmeh lĕ-cha li-tsĕvi   'o lĕ-'óphér ha-'ajjalim
            'al hare vĕsamim

11
Einen Weinberg hatte Shelomo
in Ba'al–Hamon,
er gab dem Weinberg Hüter,
jeder sollte bringen für seine Frucht
tausend Silberstücke.

12
Mein Weinberg,
ja meiner,
liegt vor mir.
Die Tausend
seien dein, Shelomo,
und zweihundert
den Hütern seiner Frucht.

13
Die du wohnst
in den Gärten –
Freunde lauschen –
deine Stimme –
laß sie mich hören.

14
Flieh, Liebster,
und werde gleich du
einer Gazelle
oder einem Damhirschböckchen
in den Gewürzbergen.

ANHANG

Vorbemerkung

sub verborum tegmine vera latent
Johannes von Salisbury

Meine Übersetzung des ›Liedes der Lieder‹ soll für sich sprechen, für sich gelesen – womöglich laut gelesen – und beur-
teilt werden. Trotzdem erscheint es mir nicht überflüssig, ihr
einige Bemerkungen hinterherzuschicken. Die Übersetzung
versucht, dem Original so nah wie möglich auf der Spur zu
bleiben. Das bedeutet, dem Satzbau dieser von Rosenzweig so
genannten »Zyklopensprache« zu folgen, nichts umzustellen,
um etwa ein glatteres, unauffälligeres Deutsch zu erreichen,
nichts hinzuzufügen, damit die vielen Löcher und Brüche im
Text überdeckt würden, nichts Dunkles aufzuhellen. Es
bedeutet, den Wortsinn, soweit man ihn kennt oder soweit er
sich erschließen läßt, in seiner Konkretheit und Sinnlichkeit
zu erfassen, dabei auf den »Wurzelsinn« (Herder) oder die
»Wurzelsinnlichkeit« (Rosenzweig) zurückzugehen, ohne in
übertragene Bedeutungen zu flüchten, die vielleicht unanstö-
ßiger wären, aber doch zumeist aus der allegorischen Aus-
und Umdeutung der Verse stammen. Es bedeutet, für die Aus-
drucksemphase, für die das hebräische Verbsystem eigene
Paradigmen ausgebildet hat, Entsprechungen zu finden, die
manchmal, wenn die Worte fehlten, zu einer Partikel, manchmal zu einer Zeilenbrechung geführt haben. Die Zeilenbrechung ist im übrigen vom gesprochenen Deutsch her gesetzt,
um die gestischen Stimmen und manchmal die in ihnen aus-
gedrückten Wahrnehmungsabläufe sichtbar, das heißt sprech-
bar zu machen.

Da vieles unklar, sogar unverständlich ist in diesen Gedich-
ten, das in den lapidaren Fügungen der Übersetzung nicht
mehr immer als solches erscheint, hielt ich es für sinnvoll,
diese Scheinklarheit in den hier folgenden Zeilenkommenta-
ren wieder zurückzunehmen. Der Kommentar ist *nicht* Interpretation, die auf einem ganz anderen Blatt stehen müßte. Er

versucht nur, einige der Schwierigkeiten, die den Übersetzer zur Raserei bringen, wenn er zwischen Optionen oder Nicht-mal-Optionen der Lexika und Handbücher hin- und hersucht, nachlesbar zu machen. So wird der Traumgrund, auf dem der Leser ohnehin steht, noch einmal aus anderer Richtung erfahrbar. Wie heißen die Pflanzen, die Steine? Niemand weiß es. Was dann dasteht, sind Mutmaßungen, also doch wieder Interpretationen (wie auch die Entscheidung, ob etwas im Präsens oder im Präteritum zu übersetzen ist, was beides möglich wäre, da das Hebräische kein Tempussystem in unserem Sinne hat). Auf der Suche nach Lösungen wurden viele der vorausgegangenen Übersetzungen konsultiert. Außer den älteren − Septuaginta, Vulgata, Martin Luther, Fray Luis de León (1562) und der Authorized Version (1611) waren es die folgenden:

− Herder: *Lieder der Liebe. Die ältesten und schönsten aus dem Morgenlande.* Herausgegeben von Johann Gottfried Herder, Leipzig 1778. Darin: »Salomos Hohes Lied«, mit erzählendem Kommentar. Zitiert nach der Ausgabe Zürich (Manesse) 1992.

− Mendelssohn: *Salomo's hohes Lied*, posthum erschienen, Braunschweig 1789. Zitiert nach der Ausgabe der *Gesammelten Schriften* (hg. G. B. Mendelssohn), Leipzig 1845, Band 6.

− Zunz: *Hohelied,* übersetzt von M. Sachs, in der Redaktion der Heiligen Schrift von Leopold Zunz, 1838, zitiert nach der Ausgabe Frankfurt a. M., 1913.

− Torczyner: *Der Lieder Sang,* übersetzt von Georg Salzberger, in *Die Heilige Schrift neu ins Deutsche übertragen,* herausgegeben von Harry Torczyner, Frankfurt a. M., 1937.

− Buber: *Der Gesang der Gesänge,* in *Die Schriftwerke,* verdeutscht von Martin Buber, 6. Auflage der neubearbeiteten Ausgabe von 1962, 1986, Darmstadt 1992.

− Marx: *Das Lied der Lieder,* in deutsche Verse übertragen und erläutert von Leopold Marx, Stuttgart 1964.

− Osty: *La Bible,* traduction par Emile Osty avec la collaboration de Joseph Trinquet, Paris 1973.

- Ceronetti: *Il Cantico dei Cantici,* a cura di Guido Ceronetti, Milano 1975.
- Schreiner: *Das Lied der Lieder von Schelomo,* aus dem Hebräischen übersetzt, nachgedichtet und herausgegeben von Stefan Schreiner, Leipzig und Weimar 1981.
- Stadler: *Das Hohelied* und *Das Buch Ruth,* aus dem Hebräischen von Alisa Stadler, Salzburg 1990.

Die Übersetzung von André Chouraqui, der neben dem Pentateuch und den Psalmen auch das Hohelied ähnlich den von Rosenzweig und Buber begründeten Prinzipien übersetzt hat, war mir leider nicht zugänglich.

Folgende Kommentare wurden benutzt, wenn auch mit gewisser Skepsis wegen der theologischen Provenienz:

- Ringgren/Weiser: *Das Hohe Lied, Klagelieder, Das Buch Esther,* übersetzt und erklärt von Helmer Ringgren und Artur Weiser, in: *Das Alte Testament Deutsch,* Teilband 16/2, Göttingen 1958.
- Keel: Othmar Keel, *Das Hohe Lied,* Zürcher Bibelkommentare, 2. Aufl., Zürich 1992 (mit Übersetzung). Dort auch umfangreiche Literaturliste neuerer Kommentare.
- Moldenke: Harold N. Moldenke, Alma L. Moldenke, *Plants of the Bible,* Waltham, Mass., 1952. Unschätzbar wegen ihrer Sichtung der Alternativen der sehr ungenauen botanischen Identifizierungen. Sie gaben mir auch den Hinweis auf die blaue Hyazinthe (für Shoshanna), die sich dann fand.
- Alon: Azaria Alon, *300 Wild Flowers in Israel,* Bnei-Brak, 1993.

Der Kommentar von Marvin H. Pope, *The Anchor Bible,* Band 7c, Garden City, N. Y., 1977, war mir leider über Fernleihe nur kurzfristig zugänglich.

Wörterbücher:

- Buxtorf, Johannes Buxtorfi *Lexicon Hebraicum et Chaldeicum,* Basileae 1676.
- König: *Hebräisches und aramäisches Wörterbuch zum alten Testament* von Eduard König, Leipzig 1910.

- Gesenius: Wilhelm Gesenius' *hebräisches und aramäisches Wörterbuch über das Alte Testament*, bearbeitet von F. Buhl, 17. Aufl., 1915, Neudruck Berlin/Göttingen/Heidelberg 1962.
- Holladay: William L. Holladay, *A Concise Hebrew and Aramaic Lexicon of the Old Testament,* based on the First, Second, and Third Editions of the Koehler-Baumgartner Lexicon in Veteris Testamenti Libros, Grand Rapids, Mich., 1971.
- HAL: *Hebräisches und Aramäisches Lexikon zum Alten Testament* von Ludwig Koehler und Walter Baumgartner, 3. Aufl. in 4 Bänden, Leiden 1967–1990.

Kaum erwähnen darf man bei anständigen Hebraisten B. Davidson, *The Analytical Hebrew and Chaldee Lexicon,* London o. J., denn es ist eine Art Spicker, den man gern benutzt, wenn die eigenen Fähigkeiten der Formanalyse erschöpft sind.

Textgrundlage der Übersetzung war die *Biblia Hebraica*, die sogenannte Stuttgartensia, von 1984, sowie die zweisprachige Ausgabe der *Jerusalem Bible* von Harold Fish, Jerusalem 1989. Die Transkription folgt den rhythmischen Unterteilungen der Stuttgartensia.

Warum aber überhaupt eine Transkription? Der Leser sollte, meine ich, die Laute nachbilden können, die ihm in den hebräischen Charakteren verschlossen bleiben, soll einen Eindruck bekommen von der archaischen Knappheit dieser Poesie, soll der kunstvollen Lautkombinatorik, den Klangwirbeln, nachlauschen. Ich habe dabei eine Umschrift versucht, die so schlicht und lesbar wie möglich ist, auch wenn sie dadurch nicht immer wissenschaftlichen Ansprüchen genügt. So habe ich ›Samek‹ und ›Sin‹ immer als einfaches ›s‹ transkribiert, ›Tet‹ und ›Tav‹ als ›t‹, ›Beth‹ als ›b‹, wenn es punktiert, als ›v‹ wenn es unpunktiert ist. Das ›e‹ mit diakritischem Zeichen (ĕ) ist als kurzes, unbetontes ›e‹ zu lesen. Die stummen, jeweils anders vokalisierten Laute ›Aleph‹ und ›Ayin‹ sollten sichtbar bleiben, darum sind sie, auch wenn sie beim Lautlesen unberücksichtigt bleiben, wie üblich als diakritische Zeichen transkribiert (' für ›Aleph‹, ' für ›Ayin‹). Aufpassen muß der Leser nur bei ›z‹ (für ›Zain‹), das als stimmhaftes ›s‹ auszusprechen ist. Da die hebräischen Wörter 'in der Regel', aber eben nicht immer, auf der letzten Silbe betont sind, wurden den Ausnahmen die entsprechenden Akzente aufgesetzt.

Karl Neuwirth hat sich freundlicherweise der Mühe unterzogen, die heikle Umschrift noch einmal gründlich durchzusehen. Er hat die Abtrennung der Präpositionen, Artikel und suffigierten Pronomina vorgenommen, damit die Wortformen und der Satzbau deutlicher erkennbar werden. Und er hat auch die typographische Verteilung der ›Halbverse‹ (Bicola und Tricola) nach dem Prinzip der Außenbündigkeit eingerichet, nach der antiken, d. h. althebräischen und altrabbinischen Praxis der Toraschreiber, wie sie schon in den Schriftrollen aus Qumran und den talmudischen Schreibvorschriften gesichert ist. Ihm sei an dieser Stelle herzlich gedankt.

I

1

Das Lied der Lieder: shir hash-shirim, wörtlich ›Lied der Lieder‹, als Überschrift, und so auch von manchen (Mendelssohn) vom übrigen Text abgesetzt. Die Fügung ist superlativisch (wie ›König der Könige‹) und meint das schönste, das größte, das reichste Lied: Daher Luther: »Das Hohe Lied«.

das Shelomos ist: ein Relativsatz, aber ohne die Copula, weshalb entweder darunter zu verstehen ist, daß das Lied Salomo *gehört* (als sein kostbarster Schatz), oder daß es von ihm *stammt*, denn »seiner Lieder waren tausendundfünf« (1. Könige, 5.12).

2

küssen: auch ›berühren‹. Daß ausdrücklich der Mund genannt ist, grenzt es ab gegen die im Orient damals üblichen ›Nasenküsse‹.

So gut / sind deine Zärtlichkeiten, / mehr als Wein: Das Hebräische bildet den Komparativ durch eine Vorsilbe am verglichenen Wort (hier etwa ›gut im Vergleich zu Wein‹, d. h. ›besser als Wein‹). So sagt Luther: »Deine Liebe ist lieblicher als Wein«. Nicht nur wegen des Parallelismus, auch wegen der ›allmählichen Verfertigung der Gedanken beim Reden‹, erscheint es der Situation entsprechender, das Verglichene als einen Nachgedanken zu setzen, ihn nicht schon vorher zu implizieren. Ähnlich Buber: »Ja, gut tut, mehr als Wein, deine Minne«.

deine Zärtlichkeiten: dodé-cha, abgeleitet von *dod* (Geliebter, Liebster), hier meist mit ›Liebe‹ übersetzt, gemeint ist aber ›Liebes(genuß)‹, wie das HAL sich klinisch ausdrückt. Torczyner sagt »dein Kosen«. Auf Grund anderer Vokalisierung übersetzen Septuaginta und Vulgata, auch Luther zunächst, das Wort, das mehrfach wiederkehrt (I, 4, IV, 10, V, 1, VII, 13) durchgängig mit ›Brüste‹. (Vgl. auch IV, 10, wo die Formulierung leicht variiert ist.) Beide, ›Brüste‹ (*daddayim*) wie ›Liebkosungen, Zärtlichkeiten‹ (*dodim*), waren konsonantisch nicht zu unterscheiden (*ddm*). Erst das angehängte Possessivpronomen (*-cha*) schafft Klarheit, denn es ist das Maskulinum. Und die männlichen Brüste wird das Mädchen kaum preisen.

3
Öle: meist mit ›Salben‹ übersetzt, die auf der Basis von Oliven- oder Myrrhenöl hergestellt wurden. Wie Wein ist das Salböl Attribut der Hoch-Zeiten des Lebens.

ausgegossenes Öl – / dein Name: d. h. der Ruf deines Namens verbreitet sich wie der Duft üppig verschwendeten Salböls. Die Verbindung des Öls (*shemen*) mit dem Namen (*shem*) gründet in einem Wortspiel.

4
machen wir schnell: oder ›laufen wir‹, ›eilen wir‹.

Mich / läßt er kommen, / der König / in seine Gemächer : das könnte auch als Perfekt übersetzt werden (›mich hat er kommen lassen‹ oder ›geführt‹) oder als ›Perfekt des Wunsches‹ (»möge mich der König in seine Gemächer führen«, so Ringgren und Weiser). Ich habe die Wortstellung beibehalten (etwa das nachgestellte ›König‹), um den Aufruhr der Gefühle, der sich auch im Wechsel der angeredeten Personen zeigt, wiederzugeben.

besingen: die Wurzel *zchr* heißt ›gedenken‹, und so hat Luther, wie die Vulgata, und ähnlich noch Mendelssohn, »wir gedenken (deiner Liebe)«. Die hier verwendete Hiphil-Form heißt aber ›preisen, rühmen‹ (im Hymnus). Ringgren/Weiser übersetzen seltsamerweise mit »einatmen«.

Unverstellte / lieben dich: am ersten Wort, *mesharim*, ist viel gedeutet worden. Es heißt ›Aufrichtigkeit, Geradheit, Wahrheit‹ aber auch, in Zusammensetzungen, ›gerecht, aufrichtig‹. Das Wort steht jedoch hier für sich und hat auch kein Präfix oder eine Präposition. Oft schwach wiedergegeben als ›mit Recht‹. Torczyner klingt überzeugender: »Recht lieben sie dich«. Buber hat »geradeaus liebt man dich«. Vielleicht um die Pluralform anklingen zu lassen, hat die Vulgata »Recti«, hat Luther »Die Frommen«, hat Mendelssohn »Wohlgesinnte«. Meine »Unverstellten« sollen das ganz Unkonventionelle dieses Liebens, das sich keinen Zwängen und Rücksichten unterwirft, das frei gibt und frei nimmt, herüberholen.'Mädchen sans gêne' träfe wohl den Sinn. Aber wie ginge das auf deutsch?

5

Schwarz bin ich / und schön: statt ›und‹ steht hier fast ausnahmslos ›aber‹, ›doch‹. Damit ist die Selbstbewußtheit der Sprecherin zurückgenommen, die mit Stolz ihre Dunkelheit hervorhebt – ihr schwarzes Haar oder ihre dunkle Hautfarbe.

wie die Zelte Kedars: Kedar ist ein Nachkomme Ismaels, des Wildeselmenschen, des Stammvaters der nomadisierenden Beduinen. Ihre Zelte waren aus schwarzem Ziegenhaar oder aus Ziegenfellen. Die Parallelisierung mit den Behängen oder Teppichen Salomos benennt nicht nur den Gegensatz von Wüste und königlicher Residenz. Wie so oft im jüdischen Ritus wird das Gedächtnis an die Verlierer mittradiert: Salomo setzt die Reihe der Sieger fort, Kedar, als Abkömmling des verstoßenen Abrahamsohnes, die der anderen.

wie die Behänge Shelomos: nach nichtmasoretischer Punktierung wäre nicht Salomo gemeint, sondern Salmah, ein anderer arabischer Nomadenstamm. Die (Zelt-)Behänge wären synonym mit den Zelten Kedars. Aber nach *diesem* Parallelismus entfiele der der Entgegensetzung, der aus dem Ganzen plausibel ist – das Mädchen zwischen Hirten und König.

6

getroffen / hat mich die Sonne: eigentlich ›erspäht‹, ›erblickt‹; von manchen erklärend übersetzt: ›gebräunt‹, ›versengt‹, ›verbrannt‹. Aber ist die Selbstbeschreibung nur auf die Arbeit im Weinberg bezogen oder nicht vielmehr auch auf die Entstehung der Rasse? (Morocco in Shakespeares *Merchant of Venice* sagt von sich: »Mislike me not for my complexion, / The shadowed livery of the burnish'd sun, / To whom I am a neighbour, and near bred.«)

schnaubten mich an: Meist übersetzt mit ›zürnen‹, ›ärgerlich sein‹, aber das Wort kommt ganz aus dem Körper, dem Atem, hat sogar etwas Animalisches, da es auch das Schnauben eines Pferdes bezeichnet.

hießen mich die Weinberge hüten: es ist ganz ungewöhnlich, daß ein Mädchen damit beauftragt wird, was bedeutet, daß der traditionell erotische Sinn des Weinbergs hier schon anklingt: die Verlockungen derer, die von ihm her eins ihrer Bilder nehmen: der Weinberg als Körper der Liebenden. Daß der Weinberg ein Ort der Liebe ist, findet sich später wieder (VII, 13). Daß das Mädchen seinen eigenen Weinberg nicht hütete, mag der Grund sein, daß die Sonne sie erspähte und zum strafenden Zeichen ›schwärzte‹, anschwärzte, wie manche Kommentatoren meinen. Aber die Suche nach Kausalbeziehungen ist in diesem Gedicht eher absurd – die Bilder sind ›hart gefügt‹ aneinandergereiht; sie ist dunkelhäutig, und ihren Weinberg hütet sie nicht.

7

den mein Atem liebt: meistens übersetzt: ›den meine Seele liebt‹. Das hebräische *nephesh* heißt zunächst ›Kehle, Hals, Atem‹; es ist der Hauch, das »was Mensch und Tier zu lebenden Wesen macht« (HAL); der »Sitz der *nephesh* ist das Blut« (HAL). Vom Atemhauch erweitert zu »Verlangen, Seele, Leben, Selbst« (HAL). Keel setzt noch »Leidenschaft« und »Gier« hinzu, vielleicht im Sinne des beschleunigten Atems des Begehrens der unruhigen Geliebten. Keel übersetzt denn auch: »den ich heftig liebe«, aber die Dissoziation von Ich und Begehren, dieses Außer-sich-Sein, sollte nicht in einer trivialen Formulierung zurückgenommen werden. Die Wendung kehrt wieder in III, 1, 2, 3, 4.

eine Verhüllte ... / eine Schmachtende: es steht nur ein Wort da, *'otjah*, das wäre ›eine sich Verhüllende‹ (wie eine Dirne oder auch wie eine Trauernde). Es ist vermutet worden, das Wort sei fehlerhaft für *to'ijjah*, ›eine Umherirrende‹, und so wird es meist übersetzt. Die unsichere Lesart des Wortes kann aber auch zu ›schmachten‹ führen, und so wird es auch bisweilen übersetzt. (Mendelssohn: »Was soll ich schmachten hin und her«; Buber: »denn warum soll ich wie eine Schmachtende sein«.) Ich möchte mich nicht entscheiden.

8

Schafe und Ziegen: im Original steht das (im Deutschen) unschöne Kollektivum ›Kleinvieh‹, worunter ja aber Schafe und Ziegen zu verstehen sind.

weide deine Zicklein: »Fressende Ziegen sind im alten Orient ein Symbol intensiven Lebensdranges und fast mystischer Lebensaneignung gewesen.« (Keel, 58 ff.)

9

Einer Stute am Streitwagen Pharaos: Keel weist darauf hin, daß die Streitwagen (das Wort steht im Original im Plural) des Pharao von Hengsten gezogen wurden. Weshalb also eine Stute? »... aber die Pointe des Vergleichs der Geliebten mit einer Stute unter den Kriegshengsten Pharaos wird klar: Sie verwirrt mit ihrer Attraktivität alle Männer.« (Keel, 62)

meine Liebste: ra'jat-i, das noch achtmal vorkommt, heißt von der Grundbedeutung her ›sich mit jemandem einlassen‹. Fast immer übersetzt mit ›meine Freundin‹.

10

Zauberhaft – / deine Wangen / mit den Kettchen: die Parallelisierung des Zaumzeugs mit dem geschmückten Mädchen läßt
sich im Deutschen nicht klar nachbilden. Soll man ›Backen‹
sagen, weil man bei einer Stute kaum von ›Wangen‹ spricht?
Die gemeinten Schmuckteile sind kaum zu präzisieren. Das
mit »Kettchen« übersetzte *torim* gibt das HAL an mit »Rei-
hen, Gehänge, Bänder«. Herder übersetzt »Spangen« (»lieblich
stehen in den Spangen deine Wangen«). Luther: »Deine
Backen stehen lieblich in den Kettchen«.

mit den Korallenschnüren: eigentlich stehen nur ›Schnüre‹ da (so
Luther und Mendelssohn), etwas, woran etwas aufgereiht
wird. Gesenius sagt: »Schnüre von Perlen, Korallen u. dgl.« mit
Verweis auf unsere Stelle. Das HAL gibt an: »Halskette aus
Muscheln oder Glasperlen: Muschelkette«. Buber übersetzt
»Muschelngeschling«, Keel hat »Schmuckketten«, bei Osty
heißt es »rangées de perles«.

11

gesprenkelt mit Silber: abgeleitet von einer Wurzel, die ›stechen,
punktieren‹ (aber auch ›glänzen‹ und sogar ›kleine Münze‹)
heißt. Von da kommt das HAL zu »punktiert« und »gesprenkelt«. Für das Substantiv *nĕquddot*, das hier steht, gibt das HAL
»Kügelchen aus Silber« an oder »Glasperlen, vielleicht kugel-
runde oder tropfenförmige Anhänger der Ohrringe«. Vermutlich handelt es sich um eine Einlegearbeit. Mendelssohn hat:
»Gesprengt mit Silberpünktchen«, ähnlich Herder. Buber:
»Silberklümpchen daran«. Ringgren/Weiser: »mit silbernen
Perlen«.

12

Da der König um mich war: das erste Wort heißt sowohl ›während, solange‹ als auch räumlich ›bis dahin‹. Was ich mit »um
mich« übersetzt habe, ist nicht klar entscheidbar. Es steht da
bi-msibbo, ›bei seiner Tafelrunde‹, und so meist übersetzt.
(Mendelssohn: »Bis in des Königs Hofgepränge«). Aber kann

das intime Sich-Verströmen der Narde ›öffentlich‹ sein? Das Wort *mesav* heißt auch, adverbial, ›rundum, ringsum‹. Zwar heißt das angehängte Possessivpronomen ›sein‹ und nicht ›mich‹, aber könnte das bei einer derart problematischen Textgrundlage nicht auch ein Versehen sein – *ein* Strich zuviel? Und auf die Tafelrunde verzichten jedenfalls auch Luther (»Da der König sich herwandte«) und Herder (»wohin der König sich wandte«). Andererseits werden ›Tafel‹ oder ›Tisch‹ in Bibel und Talmud gelegentlich als Bild für den weiblichen Körper gebraucht.

meine Narde: ein kostbarer Duftstoff (als Öl oder Salbe), ursprünglich aus Indien stammend, aus einer zu den Baldriangewächsen gehörenden Pflanze mit purpurroten Blütenbüscheln gewonnen.

13

Ein Strauß Myrrhe: es kann auch Myrrhensäckchen oder –beutel heißen. Luther, Mendelssohn, Buber u. a. haben »Büschel«. Die Myrrhe wächst in niedrigen Sträuchern oder kleinen Bäumen auf felsigem Grund; Holz und Rinde verströmen einen starken Duft, aus Stamm und Ästen tritt ein weißes oder gelblichbraunes Harz aus, zunächst ölig, dann auf dem Gestein fest; zum Räuchern bei kultischen und festlichen Anlässen verwendet. Die Sträucher wachsen in Arabien, Abessinien und an der Küste Somalias, also sehr fern und daher kostbar. »Myrrhenbeutelchen« (Keel) muß es wohl heißen, wenn die kleinen Harzkügelchen gemeint sind; der Beutel läge dann wie ein Amulett zwischen den Brüsten. Aber auch das Tragen von Gewürzsträußen ist belegt (Mischna, Mendelssohn), und es ist ja auch im folgenden von frisch Wachsendem, eben Gepflücktem, die Rede.

mein Liebster, der zärtliche: hier erscheint zum erstenmal das Wort für den Geliebten, *dod*. In der Pluralform (*dodim*) habe ich es in I, 2 u. ö. mit »Zärtlichkeiten« übersetzt. Um diese Verbindung wachzuhalten, ist das Adjektiv hier eingeschoben.

zwischen meinen Brüsten / weilt er die Nacht: meist übersetzt mit
›zwischen meinen Brüsten ruht er (oder es)‹ o. ä. In der Wurzel (*ljn*) steckt aber ›Nacht‹, und daher heißt es außer ›bleiben,
verweilen, ruhen‹ auch ›die Nacht über bleiben, die Nacht
verbringen‹. Die später so wichtige Nachtthematik kündigt
sich hier schon an.

14
Ein Büschel Zyperntrauben: gemeint ist wohl der traubenförmig
blühende Strauch *Lawsonia Inermis*, der arabisch *al-Henna* heißt.
Luther: »eine Traube von Zypernblumen«, Mendelssohn: »ein
Balsamknöspchen«, Herder: »Ein Palmenknöspchen«, Buber:
»eine Zyperntraube«, Keel: »Eine Hennablütentraube«.

En-Gedi: eine Oase in der judäischen Wüste, oberhalb vom
Toten Meer. »En-Gedi war seit dem Ende des 7. Jahrhunderts
v. Chr. ein sorgfältig gepflegter königlicher Garten, der kost-
bare Aromata und Spitzenqualitäten verschiedener Früchte
(Trauben, Datteln) lieferte.« (Keel, 71)

15
schön: japhah assoziiert auch ›begehrenswert‹.

Deine Blicke: wörtlich ›Augen‹. Der ganze Vers 15 ist wieder-
holt in IV, 1. Der Vergleich der Augen mit Tauben kommt
möglicherweise über beider Beweglichkeit und Lebendigkeit
zustande, kaum über die Form.

16
ja wie lieb: na'im wird meist übersetzt mit ›hold, lieblich‹; Keel
hat »lustvoll«, Osty »plein d'attraits«.

üppig grün: ob das Grün oder die Frische betont ist, ist schwer
zu entscheiden. Mendelssohn hat »Unser Bett ist frisches
Grün«, Buber »Frisch gar ist unser Bett«. Das HAL gibt für das
als Substantiv eingesetzte Adjektiv *ra'ananah* »laubreich,
üppig, saftig, frisch«.

unser Getäfel: das kann auch ›Dachsparren‹ heißen, »Latten« (Mendelssohn) oder »Wände« (Herder). Luther hat »Getäfel«. Das Wort ist ein *hapax legomenon*, die Bedeutungen des unpunktierten Wortes sind also alle hypothetisch.

Wacholder: früher meist – und heute noch gelegentlich – mit ›Zypressen‹ übersetzt. Buber und Keel (auch das HAL) haben »Wacholder«, wohl weil Zedern und Wacholder häufig zusammen genannt und immer mit dem Libanon verbunden sind. Die Bedeutung hängt davon ab, wie man das vorausgehende *hapax* auffaßt. Denkt man an ›Dachsparren‹, sind wohl hohe Bäume gemeint, meint man ›Getäfel‹, wäre ein Niedrigholz vorzustellen.

II

I

die Herbstzeitlose von Sharon: um welche Pflanze es sich bei *chavatstélet* handelt, ist ein Rätsel. Die Vorschläge reichen von »Blüte« oder »Blume« (Septuaginta, Vulgata, Luther) bis zu konkreten Namen prächtiger oder bescheidener Blumen. »Rose« haben Luis de León, die Authorized Version und Herder (aber die sogenannte Rose von Sharon, *Hibiscus syriacus*, stammt trotz ihres Namens aus China); Mendelssohn sagt »Lilie«; Torczyner und die Jerusalem Bible sagen »Tulpe«; Buber hat »Narzißlein«, so auch Osty (»narcisse«), der aber in der Fußnote auch »Asphodele« erwägt. Nach Moldenke muß es sich wohl um ein Zwiebelgewächs handeln. Ich habe mich, nach dem HAL, wegen des Reichtums des deutschen Wortes für »Herbstzeitlose« entschieden. – Sharon war die fruchtbare Küstenebene zwischen Jaffa und Caesarea; manchmal wird das Wort nicht als Eigenname, sondern einfach nur als ›Ebene‹ verstanden und übersetzt.

die Hyazinthe: auch der Pflanzenname *shoshannah* ist rätselhaft (obwohl das Wort im heutigen Hebräisch zunächst als ›Rose‹ festgesetzt worden war, neuerdings aber ›Lilie‹ heißt). Seit Septuaginta und Vulgata meist mit »Lilie« übersetzt, so noch Buber und Torczyner. Luther und Mendelssohn haben »Rose«. In neueren Kommentaren, ausgiebig bei Keel (79 ff.), ist die These vertreten worden, es müsse sich um die Seerose, den Lotus, handeln, nicht zuletzt, weil das Wort ein Lehnwort aus dem Ägyptischen ist, das die Lotos-Blume oder -Blüte bezeichnet. Bibel-Botaniker meinen dagegen, es könnte eine kleine Wiesenblume sein, etwa die lippenrote Anemone, die im Frühjahr an den Wüstenrändern wächst und weite Teppiche bildet. Oder irgendein Pflänzchen aus der Familie der Ranunculaceen. Moldenke geht alle Möglichkeiten durch und kommt, mit der Goodspeed-Übersetzung, zu dem Schluß, es müsse sich um eine Hyazinthenart handeln: »The garden hyacinth, *Hyacinthus orientalis*, is indigenous and very common in fields and rocky places in Palestine, Lebanon, and northward. Its flowers in the wild form are always deep blue and very fragrant. In the springtime some hillsides in Galilee are literally covered blue with the fragrant, exquisite blooms.« (114) Geht man der Sache nach, kann man tatsächlich in den Tälern Obergaliläas in der Nähe der Jordanquellen, bei Banjas, ganze Hyazinthenwiesen entdecken (*Scilla hyacinthoides*). Die Pflanze gehört zur Lilienfamilie, wird bis zu einem Meter hoch und hat Dutzende blauer Blüten. Zwischen solchen Blumen mögen Gazellen weiden.

2
so, ja: ich habe versucht, emphatische Partikeln (oder Satzstellungen oder Verbformen) auch emphatisch wiederzugeben. Hebräisch *ken* wird meist nur mit ›so‹ übersetzt, hat aber einen invokativen Ton und heißt heute ›ja‹.

3
In seinen Schatten / sehn ich mich / und setz mich: ich habe beide Verben abhängig von der lokalen Bestimmung gemacht, was syntaktisch nicht zwingend ist, aber vielleicht durch die

hebräische Wortstellung gerechtfertigt ist. (Mendelssohn: »Mir behagt's in seinem Schatten; / Da sitz' ich nieder.«) Was mit »sehnen« übersetzt ist, ist eine Piel-Form und heißt ›heftig begehren‹.

4

sein Banner: degel stammt aus dem militärischen Bereich und wird meist mit ›Panier, Standarte, Feldzeichen‹ übersetzt. Statt einem Truppenteil oder einer Schutzgottheit ist die Insignie hier ›Liebe‹. (Könnte auch ein Wirtshausschild gemeint sein?)

5

Ja stärkt mich doch / mit Traubenmost, / erquickt mich mit Äpfeln: die erste Zeile heißt in der Grundbedeutung ›stützen, helfen‹ auch ›anlehnen‹, so daß die Jerusalem Bible übersetzt: »Let me lean against the stout trunks, let me couch among the apple trees.« Aber in der hier verwendeten emphatischen Piel-Form heißt es wohl (nach HAL) ›erfrischen‹ o. ä. – Das mit »Traubenmost« übersetzte Wort ist nicht ganz klar. Sind die »getrockneten und gepreßten Trauben« (Keel, 86) gemeint, was dann zu ›Weinbeer-‹ oder ›Rosinenkuchen‹ o. ä. führt, oder handelt es sich um ein anderes Ergebnis des Auspressens, den jungen Wein? In diesem zweiten Sinne haben Luis de León (»vasos de vino«), Herder (»Wein«) und Mendelssohn (»Rebensaft«) übersetzt, denen ich hier folge. Buber ist zweideutig mit »Rosinengepreß«. Die Vulgata nennt Blüten oder Blumen (»Fulcite me floribus«) und ihr folgt Luther (»Er erquickt mich mit Blumen«).

7

bei den Gazellen / oder den Damhirschkühen / des Feldes: Luther und andere haben statt »Gazellen« »Rehe«, aber die Bedeutung ist hier eindeutig. Statt ›Damhirschkühen‹ finden sich oft ›Hinden‹ oder ›Hirschkühe‹, aber auch hier ist die Bedeutung eindeutig; Damhirsche gehören zwar zur Familie der Hirsche, sind aber kleiner, graziöser, etwas anders gebaut und kamen ursprünglich nur im Mittelmeerraum vor. Für ›Feld‹ (im

Sinne von ›freies Feld‹, ›Flur‹) sagt Keel »Wildnis«. (Der Kuriosität halber sei erwähnt, daß bei geringfügiger Änderung der Konsonanten und anderer Vokalisierung statt der Tiernamen Gottesnamen herauskommen. Auf dieser Basis übersetzt die Septuaginta »bei den Kräften und Mächten«.

wenn ihr sie weckt! / wenn ihr sie aufweckt!: das gleiche Verb (*'wr* = ›wecken‹, auch ›erregen‹) ist in unterschiedlichen Paradigmen konjugiert; die erste ist die kausative Hiphil-Form (etwa: ›wenn ihr macht, daß sie aufwacht‹), die zweite ist die sehr intensivierende Polel-Form. Man sollte also das Verb nicht wechseln, wie es meistens geschieht, und kann die Intensität vielleicht durch Ausrufungszeichen zum Ausdruck bringen.

bis es beliebt …!: hier fehlt das Objekt, meist wird aber ein ›ihr‹ ergänzt; also etwa ›bis es ihr (oder ihr selbst) gefällt‹ (der Liebe, der Geliebten?). Aber auch damit wird die Satzlogik nicht klarer. (Die Allegoriker haben gerne Gott als Wecker eingesetzt.)

8
horch doch – da: hinneh-zeh, hinweisende und unterbrechende Interjektion, meist mit ›siehe‹ oder ›siehe da‹ übersetzt und in eine klare Syntax gebracht. Auf welchen der Sinne die Interjektion bezogen werden soll, ist aber offen. Die gleiche Interjektion taucht in Vers 9 wieder auf; dort habe ich, der veränderten Wahrnehmung entsprechend, mit »sieh doch – da –« übersetzt.

9
strahlt: meist mit ›blicken‹ übersetzt. Aber in der Grundbedeutung steht etwas von der leuchtenden Fröhlichkeit des Blicks, von glänzenden Augen.

10
Auf, du: wörtlich ein Imperativ, *qumi*, im Sinne von ›erhebe dich‹, ›steh auf‹. Hinter diesem und dem folgenden Imperativ (*lĕchi* = komm) steht jeweils noch eine verstärkende Präposi-

tion mit Pronominalsuffix (wörtlich etwa ›dir‹, ›für dich‹, ›dei-
netwegen‹), daher das zweifache ›du‹.

12

Die Blümchen / sind schon heraus: wörtlicher: ›die Blumen
(oder Blüten) erscheinen (lassen sich sehen)‹. Keel meint, daß
»nicht einfach die Blumenpracht der Wiesen, sondern der
›Blütenstand‹ von Sträuchern und Bäumen, besonders der des
Weinstocks, gemeint« ist (98). Wer einmal die nach der Regenzeit überall aus dem Wüstenboden sprießenden kleinen
Blumen gesehen hat – rote und gelbe Felder – möchte in diesem Frühlingslied ungern auf sie verzichten.

die Zeit zu singen: das mit ›singen‹ übersetzte Wort, *zamir*, ist
von älteren Übersetzern mit ›Rebschnitt‹ übersetzt worden,
der aber früher, in der winterlichen Regenzeit, gemacht wird.
Das Singen, hier mit Artikel, mag kultische Lieder bezeichnen. (›Rites of spring‹?) – Die Rabbinen sind vom ›Schnei-
den‹ auf das ›Beschneiden‹ gekommen. Einige Ausleger sahen
im ›Geliebten‹ Moses, der seine ›Braut‹, das Volk Israel, aus der
Knechtschaft führt. Das Frühlingslied wäre dann die Aufforderung zum Aufbruch, die Beschneidung die Besiegelung
oder Erneuerung des Bundes.

Turteltaube: ein Zugvogel, der nach der Regenzeit in Palästina
wieder erscheint.

13

Der Feigenbaum / treibt Früchte: unklar. Mit ›Früchten‹ ist die
unreife Frucht gemeint. (Manche übersetzen mit ›Früh-
frucht‹). Aber das – obsolete – Verb, *chnt*, wird mit ›rötlich werden, reifen‹ angegeben, so daß Buber übersetzt: »die Feige
färbt ihre Knoten«. Da die Wurzel *chnt* aber noch mit Balsam
zusammenhängt (und dann ›balsamieren‹ bedeutet), sagt wohl
Mendelssohn: »Der Feigenbaum würzt seine Früchtlein«, und
Herder: »Der Feigenbaum hat seine Feigen / Mit Süße ge-
würzt«.

die Traubenblütenknospen: wörtlich ›die Reben (Weinstök-
ke) –: Blütenknospen‹. Das mag gesetzt sein wie eine Haiku-
Zeile.

komm ... und komm du: gegenüber Vers 10 durch ein zweites
›komm‹ erweitert.

14
laß mich erblicken / deinen Anblick: die Wörter sind im Hebräischen von der gleichen Wurzel gebildet. Das mit »Anblick«
übersetzte *mar'eh* hat einen weiten Spielraum, es meint ›Aussehen‹ oder ›Gesicht‹, aber auch die ganze ›Erscheinung‹, die
Gestalt.

betörend: so Keel. Das Wort *'arev* wird üblicherweise mit ›ange-
nehm, lieblich, süß‹ o. ä. übersetzt. Auch diese Wurzel, *'rv*, hat
ein breites Bedeutungsspektrum – ›sich für jemanden einsetzen‹, ›sich mit jemandem einlassen‹, ›jemandem gefallen‹, ›ein
Opfer darbringen‹. Da die Konsonanten die gleichen sind, die
den Sonnenuntergang, den Abend, bezeichnen, *'erev*, scheint
hier, unterhalb der Schwelle der Semantik, aber doch in den
Buchstaben sichtbar, schon das Abendgedicht, Vers 17, vorbe-
reitet zu sein.

15
die Füchse, / Füchse, die kleinen: so wörtlich. Daß die Füchse,
die die Weinberge zerwühlen, doppelt genannt werden mit
dem Zusatz der Erwähnung ihrer Kleinheit (deren – im
Hebräischen normale – Nachstellung ich zur Betonung beibehalten habe), hat wohl den Sinn, die erotische Assoziation
nicht verlorengehen zu lassen. Aber für wen sollen sie gefangen werden? Wer ist ›uns‹, wenn ›unsere Weinberge‹ doch nur
für *einen* knospen?

Blütenknospen: es ist das gleiche Wort, *sĕmadar*, wie in Vers 13.

16

Mein Liebster / mein, / und ich / sein: dodi li wa-'ani lo: einerseits wörtlich, andererseits der Versuch, Klangentsprechungen zu finden.

der unter Hyazinthen weidet, / den dunkelblauen: vgl. Anm. zu II, 1. Der Zusatz, ›den dunkelblauen‹, steht nicht im Original. Ich habe ihn hingesetzt, damit diese besondere Hyazinthenart nicht überlesen wird.

17

Bis wehn wird der Tag / und die Schatten flüchten: es kann verschiedenes gemeint sein: bis dahin also, wenn die Tageshitze von einem Abendwind gelindert wird, wenn keine Sonne mehr Schatten wirft, bis dann wollen wir warten, dann komm zu mir zurück. Nach anderem Verständnis ist die Nacht gemeint, die die Liebenden miteinander verbringen, bis der Morgenwind sich erhebt und die Schatten der Nacht sich verflüchtigen.

Kehr wieder, werde gleich: das erste Glied fassen Ringgren/Weiser, die die Ansicht vertreten, die Liebenden verbrächten die Nacht, als ›tafeln‹ auf (»Bis der Tageswind weht, / … / tafle, mein Geliebter, an meinem Tisch«). Meist wird es aber als »kehre zurück«, »kehr um« (Mendelssohn, Luther) übersetzt. Auch ›dreh dich‹ ist möglich, womit die Verbindung zu VII, 1 hergestellt wäre. (Dort beginnt das Verb allerdings mit Shin, hier mit Samek). Torczyner sagt: »Verwandle dich, Liebster, / Sei gleich der Gazelle / …« Keel erwägt, ob beide Glieder nicht als Hendiadys zu verstehen sind, im Sinne von ›Gleiche immer wieder‹.

in den Bergschluchten: möglicherweise ist eine Ortsbezeichnung gemeint, die Beter-Berge, eine Bergkette im Süden Jerusalems. Keel erwähnt eine Deutung, wonach *beter* (im Text *vater* zu lesen) auf eine indische Gewürzpflanze zurückgeführt wird, die der Narde vergleichbar ist. Dann hieße das ›Berge der Wohlgerüche‹ und ließe sich verbinden mit IV, 6 und VIII, 14. Am plausibelsten erscheint mir die Ableitung von *btr*, ›zerschneiden‹, ›scheiden‹, was zu ›schluchtenreichen, zerklüfteten Bergen‹ führt. Luther und Mendelssohn haben »Scheideberge«, Herder: »Über die Berge, / Die jetzt uns trennen«, Buber: »über die Berge der Trennung hin«, Torczyner: »Auf den zerklüfteten Bergen«.

III

1

sucht ich: das hebräische *bqsh* steht im Umfeld von ›begehren, verlangen, sich sehnen‹.

2

in den Gäßchen: Im Hebräischen steht *shuq* (im Plural), es ist also an das Basargewirr der kleinen Straßen und Gassen zu denken.

3

Vgl. die Erweiterung des Nachtliedes und die Begegnung mit den Wächtern in V, 6 und 7.

4

ich packte ihn: dasselbe Wort wie in VII, 9, wo der Geliebte die Dattelrispen packt. Das Wort heißt aber auch schlicht ›festhalten‹, ›fangen‹ oder streng ›verhaften‹ (Keel). Das gleiche Wort ist bereits in II, 15 verwendet, wo die kleinen Füchse ›gefangen‹ werden sollen. Kann man da sagen: »packt sie uns, die Füchse …«? Das ›uns‹ scheint zuviel, andererseits klänge das Motiv an der früheren Stelle schon an.

die mich empfing: oder ›die mit mir schwanger war‹. In der Dramaturgie des Liedes ist hier der jubelnde Anfang gemeint, die Empfängnis, nicht schon die abgeschlossene, vergangene

Geburt wie in VI, 9. (Luther: »die mich geboren hat«; Buber: »meine Gebärerin«.)

5
Vgl. II, 7 und VIII, 4

6
Was ist, das: die Frage ist ganz neutral, verwundert, ins Offene gestellt, und man würde die Antwort schon vorwegnehmen, würde man sie mit einem ›wer ist sie‹ auf die Sänfte oder mit einem ›wer ist der‹ auf Salomo zielen lassen.

wie Rauchsäulen: unklar. HAL spricht von »palmenartig aufsteigendem Dampf«, schränkt die Bedeutung aber dann auf »Säule« ein und gelangt erst unter Hinzuziehung des nächsten Wortes (*'ashan*, hier übersetzt mit »aufsteigender Rauch«) zu »Säulen von Rauch«, was aber eine Verkürzung des Parallelismus bedeuten würde. Keel vermutet, daß das Wort für ›Säule‹, *timarah*, mit *tamar*, ›Palme‹, zusammenhängt und übersetzt dementsprechend »wie (Palmen-)Säulen aus Rauch«. Mendelssohn gibt die ganze Stelle so: »Wer ist, die aus den Wüsten / Dort steiget empor? / Wie säulengrader Rauch empor?«

Gewürzgestäub des Händlers: im Unterschied zu dem Staub, den der heraufziehende Zug aufwirbelt, sind hier die pulverisierten Gewürze gemeint, die erst durch den Vorgang des Zerstoßens ihre Düfte preisgeben wie die Harze (Myrrhe, Weihrauch) durch Verbrennen. Ein kultischer Zug, eine Handelskarawane?

7
das Tragbett: oder die Sänfte. Aber wer liegt oder sitzt darauf? Salomo? Die Braut? Oder ist es leer, und geschickt, um die Braut abzuholen?

sechzig Starke: seit David gibt es eine Elitetruppe von 30 ›Helden‹ oder wörtlich ›Starken‹. Die Verdoppelung gehört in den Bereich der Superlativbildungen des Gedichts.

8

gegen den Schrecken der Nächte: gegen die nächtlichen Dämonen, die von schönen Bräuten angezogen werden. Vgl. die Tobias-Geschichte.

10

sein Inneres eingelegt – / Liebe, / Töchter Jerushalajims: so wörtlich. Es sind verschiedene Versuche gemacht worden, ›Liebe‹ zu interpretieren und syntaktisch anzuschließen. Etwa: ›eingelegt mit Liebesszenen‹. Luther: »inwendig ist sie lieblich ausgeziert um der Töchter Jerusalems willen.« Mendelssohn: »Die Mitte gepolstert mit Liebe / zu den Töchtern Jerushalajims.« Buber: »Ihr Inwendiges eingelegt, / Liebesarbeit von den Töchtern Jerusalems.« (Es gibt überdies den Vorschlag, mit den ›Töchtern Jerushalajims‹ den nächsten Vers beginnen zu lassen.) Isoliert wie ›Liebe‹ dasteht, kann es sich auf den Prunksessel insgesamt beziehen – er ist ›aus Liebe‹ gemacht, ein Liebeswerk.

11

in seinem Blumenkranz / womit seine Mutter ihn bekränzte: was hier mit »Blumenkranz« wiedergegeben ist, wird meist mit ›Krone‹ übersetzt. Das Wort geht auf eine Wurzel *'tr* zurück, die ›bekränzen‹, ›einen Kranz flechten‹ heißt.

IV

1

hinter deinem Lockenschleier: das Wort *tsammah* wird meist in der Bedeutung ›Schleier‹ übersetzt, es kann aber auch ›Locken‹ oder ›gelocktes Haar‹ heißen. Luther übersetzt ›zwischen deinen Zöpfen‹. Ich habe versucht, beides zusammenzuziehen.

wie eine Herde Geschorener: gemeint sind Mutterschafe, wie es dann in VI, 6 ausdrücklich steht; hier findet sich nur die weibliche Partizipform im Plural. Meist aber werden ›Schafe‹ ergänzt, so Luther: »wie eine Herde Schafe mit geschorener Wolle«. Mendelssohn und Herder haben »Lämmerherde«, die bei Herder »neugeschoren aus der Quelle« steigt. Buber spricht von »Schurschafen«. Keel argumentiert, es müsse sich um »Schurbereite«, nicht schon »geschorene« Schafe handeln.

doppelt trächtig: mat'imot ist von *te'om* (IV, 5) abgeleitet, wo es Zwillinge heißt. Hier wörtlich etwa ›Zwillingetragende‹. Buber: »zwieträchtig«. Die meisten Übersetzer lösen es auf. Luther: »die allzumal Zwillinge haben«.

3

ein Band ein purpurfarbenes: auch ein scharlach- oder karmesinroter Faden, eine Schnur. Herder: »Purpurfaden«; Mendelssohn: »Rosenfaden«; Buber: »Karmesinschnur«.

Sprachgliedmaßen: das Wort *midbar* bezeichnet die Sprachwerkzeuge, also Zunge, Gaumen, Velum, Lippen usw. Die meisten Übersetzer, der Septuaginta und der Vulgata folgend, übersetzen mit ›Rede‹, manche mit ›Mund‹. Buber übersetzt sehr technisch mit »Redegerät«. Die herrliche Verkörperlichung des Sprechens, »Sprachgliedmaßen«, stammt von Mendelssohn.

Schläfe: raqqah heißt eigentlich ›das Dünne‹. Was hier gemeint sein kann, ist zweifelhaft, es reicht von ›Wange‹ oder ›Braue‹ bis zu »Gaumen« (Keel). Ich folge Buber und dem HAL – es erscheint vom Bild her am plausibelsten.

4

Steinumgänge: Luther: »Brustwehr«, Herder/Mendelssohn: »Waffenburg«. Das seltene Wort meint vermutlich das in Schichten aufgeführte Mauerwerk, an das außen Waffen und Trophäen gehängt werden konnten.

Schilde: magen, hier mit bestimmtem Artikel, bezeichnet später den sogenannten Davidsschild oder Davidstern.

Waffen: die genaue Bedeutung von *shelet* ist unbekannt. Oft wird auch hier mit ›Schild‹ übersetzt; die Septuaginta gibt »Pfeile«; die Vulgata hat »Waffen«, so auch Luther. Buber sagt »Rüstung«.

5
ein Gazellenpärchen: wörtlich: ›Zwillinge einer Gazelle‹. Luther hatte hier noch »Rehzwillinge«; Mendelssohn »Rehe-Paar«.

6
Siehe II, 17
zum Myrrhenberg / und zum Weihrauchhügel: »›Myrrhenberg‹ und ›Weihrauchhügel‹ stellen die Geliebte hyperbolisch als eine Landschaft dar, die ganz aus diesen kostbaren und betörenden Duftstoffen besteht.« (Keel, 142 f.)

7
und makellos / du: wörtlich ›und ein Makel, ein Fehler, (ist) keiner an dir‹. Luther: »und ist kein Flecken an dir«; Herder: »Kein Tadel ist an dir«; Mendelssohn: »Kein Fehler ist an dir«; Buber: »Kein Flecken an dir«; Keel: »und nichts an dir stört«.

8
Mit mir: nach einer anderen Lesart (*’ĕti* statt *’itti*) wäre zu übersetzen ›komm‹, als Einleitung in eine mögliche Synonymenkette.

komm: kann auch heißen ›du wirst kommen‹.

Sieh um dich: tashuri kann ›blicken‹ heißen, aber auch ›kommen, reisen, herniedersteigen‹.

Amanah … Senir … Hermon: Teile des Anti-Libanon. »Von diesen Bergen ist eine reizende Aussicht, von wo man eine blumen- und pflanzenreiche Flur, auch schöne Quellen sieht.« (Anm. zur Mendelssohn-Übersetzung)

Schutzfelsen: meist mit ›Wohnungen, Höhlen‹ übersetzt; ›Zufluchten‹.

9

Mein Herz hast du betört: libbavti-ni – für das eine hebräische Wort brauchen wir fünf! Die Bedeutung ist umstritten. Von der Wurzel her (*lb, lbb* = *Herz*) wäre es eine Verbalisierung des Herzens, die in der Bibel sonst nur einmal an einer dunklen Stelle im Hiob (II, 12) vorkommt. (Celan hätte vielleicht übersetzt: »Du hast mich verherzt«, analog zu ›verhext‹.) Man streitet sich, ob es ›das Herz stärken‹ im Sinne von ›ermutigen‹ heißt (was im Umkreis von Löwen und Panthern plausibel wäre) oder umgekehrt, im Rahmen des semantischen Feldes des hebräischen Herzens, ›ent-mutigen‹, also ›um den Verstand bringen‹, ›jemanden von Sinnen werden lassen‹. Die erotische Bedeutung ist in beiden Fällen mitgesetzt: ›verrückt‹, ›irre‹ ›wahnsinnig machen‹. Luther: »Du hast mir das Herz genommen«; Mendelssohn: »Du raubst mein Herz«; Buber: »Du hast mir das Herz versehrt«; Torczyner: »Du hast den Sinn mir gefangen«; Keel: »Du machst mich verrückt«.

mit einem deiner Blicke: wörtlich ›mit einem deiner Augen‹.

und einem Glied deines Halsschmucks: 'anaq (hier mit ›Glied‹ übersetzt) bezeichnet ein einzelnes Teil des Halsschmucks, also etwa Perle, Stein, Ring. Man hat es auch mit ›Kettchen deines Halsgeschmeides‹ übersetzt oder ›Mit deiner Schnüre am Halse einer‹, aber ich glaube eher, daß das jähe Aufblitzen und Funkeln eines einzelnen Stückes bei der Drehung des Halses im Licht gemeint ist.

10

Gewürz: bĕsamim (pl.) umfaßt ursprünglich wohl alle Wohlgerüche, bis es auf den Balsam als den Inbegriff aller kostbaren

Gerüche eingeengt wurde. Es ist fraglich, ob hier schon der Balsam gemeint ist.

Honig … Honig: im Hebräischen zwei verschiedene Wörter; das erste wird meist mit ›Honigseim‹ übersetzt, gemeint ist der flüssige, aus der Wabe tropfende Honig.

12

Ein behüteter Garten: kaum eine Stelle des Hohenliedes ist so bildprägend geworden wie dieser Garten, den die Vulgata mit »hortus conclusus« übersetzt hat, Inbild der Jungfrau Maria. Luther verdeutlicht noch, was er als Ineinssetzung von Braut und Garten sieht: »Meine Schwester, liebe Braut, du bist ein verschlossener Garten …« Aber in der ›harten Fügung‹ des Originals stehen die Ausdrücke grammatisch unverbunden, parallel, nicht als Vergleich, nicht als Ineins, und ›meine Schwester, Braut‹ könnte eben auch als Invokation gelesen werden. ›Hart gefügt‹ hat die Stelle etwas Schwebendes. Das mit »behütet« übersetzte Verb heißt eigentlich ›(mit einem Riemen) zubinden‹ – eine Gartentür, ein Gatter, eine Sandale. Was (temporär) zugebunden ist, kann auch wieder aufgebunden werden – es hat nicht die Schroffheit des Verschlossenen. Mendelssohn übersetzt: »Ein wohlverwahrter Garten«; Herder: »Ein heiliger Garten«; Buber: »Ein versiegelter Garten«.

13

Dein Gesproß: das *hapax legomenon shĕlachajich* wird gewöhnlich im Umfeld des Sprießenden, Sprossenden angesiedelt. HAL erschließt »Schoß, Schößling«. Dagegen setzt Keel »Kanal«, was auch möglich ist – Kanäle, die einen Königsgarten durchziehen – und assoziiert, übers Arabische, die Scheide. Luther, Mendelssohn, Herder: »Deine Gewächse«; Buber: »was dir sich entrankt«; Torczyner: »Die Triebe dein«.

ein Paradies: pardes ist im Hebräischen ein persisches Lehnwort und bedeutet ›Park‹ o. ä.; »Lustgarten« (Luther), »Lusthain«

(Torczyner). Da das persisch-hebräische Wort sich übers Griechische aber auch zu unserem ›Paradies‹ weiterentwickelt hat, habe ich es, wie Mendelssohn, mit »Paradies« übersetzt. Herder zieht sogar noch die Granatfrüchte herüber und übersetzt »ein Äpfelparadies«.

Zyperntrauben: kopher, es können auch ›Hennasträucher‹ gemeint sein, oder einfach ›Henna‹. HAL: »Blütenstand eines Strauches mit aufwärts gerichteten Trauben«. Luther: »Zyperblumen«, Mendelssohn: »Cypern«; Buber: »Zyperblumen«, Torczyner: »Des Zyprus Blüten«. ›Zypern‹ assoziiert im Deutschen den wichtigsten Beinamen der Aphrodite, ›Kypris‹. Vgl. I, 14.

14
Safran: charkom, auch (gelber) Krokus, und so übersetzen Mendelssohn und Herder, Keel hat »Kurkuma« oder »Gilbwurz«.

Würzrohr: ›hohes, schilfähnliches Gras‹, weshalb Luther und Buber es mit »Kalmus« übersetzen. Mendelssohn gibt »Kanna«, was als ›Gewürzrohr‹ zu verstehen sei; Keel vermutet »Ingwergras«.

Zinnamom: der Zimtbaum und dessen Rinde.

Alle genannten Pflanzen und die nachfolgenden (Weihrauch, Myrrhe, Aloe) sind Duft- bzw. Färberstoffe und gehören sowohl in den kultischen als auch den kosmetischen Bereich. Keel hat darauf aufmerksam gemacht, daß sie sich in ihrer Exotik überbieten, stünden doch »Gewächse chinesischer, indischer, südarabischer und ostafrikanischer Herkunft nebeneinander« (S. 168).

15
ein Springquell der Wasser des Lebens: eigentlich steht nur ›Wasserstelle‹ oder im Zusammenhang »Brunnen mit frischem Wasser« da (so HAL). Keel gibt »fließendes Wasser«.

Aber *majim chajjim* heißt eben doch wörtlich ›Wasser des Lebens‹. Luther: »Ein Born lebendiger Wasser«; Mendelssohn: »Quell lebendiges Wassers« und ähnlich die anderen.

16
Reg dich: auch ›wach auf‹, ›erhebe dich‹. Luther: »Stehe auf«.

V

1
mit: wohl wörtlich ›mitsamt‹. Doch die Doppelung macht keinen rechten Sinn. Wohl aber die Metaphorik des Mittels.

trinkt und werdet trunken – / Liebste: manche übersetzen ›berauscht euch an der Liebe‹, aber der Plural, *dodim*, könnte allenfalls als ›Liebkosungen‹ (wie I, 2) verstanden werden. Hier handelt es sich eher um eine Anrede, und deshalb wird meist mit ›Freunde‹ übersetzt, oder ›ihr Lieben‹. Da ich *dod-i* immer mit »mein Liebster« übersetzt habe, sollte die Assoziation auch hier erhalten bleiben, auch wenn der Plural als ein Singular mißverstanden werden mag.

2
Die Stimme – / mein Liebster – / klopft: meist syntaktisch zusammenhängend übersetzt, etwa ›Die Stimme meines Geliebten. Er klopft.‹ Das Unverbundene, so wie es dasteht, spiegelt die Plötzlichkeit der Wahrnehmung. ›Klopfen‹, hier in der Partizipform *dopheq*, heißt auch ›rasch antreiben wie Kleinvieh‹, ›drängen‹.

meine Vollkommene: auch ›meine Vollständige, Ganze, Vollendete‹, »meine Fromme« (Luther, Mendelssohn), »mein Reines« (Torczyner), »meine Heile« (Buber), »mein Alles« (Keel).

Spalt: ›Türloch, Öffnung‹, »Luke« (Buber), durch die der Geliebte die Hand streckt, um den Riegel von innen zu öffnen.

und meine Herzgegend / bebte ihm entgegen: das mit ›Herzgegend‹ wiedergegebene Wort, *me'eh*, bezeichnet ein weites Feld: Eingeweide und Gedärm, Bauch, Leib als Ort der Fortpflanzungsorgane; es meint auch das ›Innere‹ als Sitz der Gefühle und Erregungen, und in dem Sinne wird das Wort meist übersetzt. Luther sagt »Innerstes«. Das Bedeutungsfeld reicht bis zu ›Mitleid‹, so daß Mendelssohn sagen kann: »Mein Herz schlug mitleidsvoll«. Was ich mit »beben« übersetzt habe, heißt auch ›unruhig sein, brausen, wogen, zittern, stöhnen‹. Buber: »und mein Leib wallt auf ihn zu«.

5

Myrrhe, / die floß: das Partizip *'over* heißt ›hinziehend, überschreitend, übertretend (wie ein Fluß)‹. Keel versteht es im Sinne von 1. Mose 23, 16 als ›gängig, gut gehend, beliebt, echt‹ und übersetzt daher »echte Myrrhe«. (Buber: »Myrrhenharz«). Ich denke eher, daß der Überfluß der flüssigen Myrrhe, mit der die Geliebte die Hände parfümiert hat, ins Bild kommt.

6

war fort und davon: eigentlich ›war abgebogen und seines Weges gegangen‹. In der Wurzel des zweiten Ausdrucks, *'br*, der auch ›überschreiten, übertreten‹ heißt, steckt auch der Sinn ›sich erzürnt zeigen‹.

Meine Sinne schwanden, / da er sprach: wörtlicher könnte es auch heißen: ›Meine Seele floh, entwich‹, und der Anschluß, *vě-dabbě̌r-o*, könnte heißen: ›bei seinem Sprechen‹ oder ›seiner Rede nach‹. Folgende Vorschläge sind gemacht worden. Luther: »Meine Seele war außer sich als er redete«; Mendelssohn: »Entgangen war mir meine Seele, / Als er so zu mir sprach«; Buber: »Meine Seele geht aus, / seiner Rede nach.« Nur Keel versteht *dabar* im Sinne des Rückzugs, was auch möglich ist, und übersetzt: »Ich war ganz betäubt ob seinem Rückzug«.

7

sie schlugen mich, / sie verletzten mich: »Eine Frau, die nachts die Stadt durchstreift, wird von der Wache als herumstreichende Ehebrecherin (Spr 7, 11 f.) bzw. als Hure behandelt. In einem mittelassyrischen Gesetzbuch aus dem 12. Jahrhundert v. Chr. heißt es: ›Eine Dirne darf sich nicht verhüllen, ihr Kopf bleibt entblößt. Wer eine verhüllte Dirne erblickt, soll sie festnehmen …‹« (Keel, 183)

10

gluthell und erdrot: das erste (seltene) Wort, *tsach*, meist mit ›weiß‹ übersetzt, heißt ›hell, glänzend, flimmernd, heiß‹. Buber übersetzt »blank«, Pope »radiant«. Das zweite Wort, *'adom*, wird manchmal mit ›rot, rötlich‹ wiedergegeben. Es verweist aber in der Wurzel auf den aus roter Erde gemachten Adam.

11

Gold, lauteres Gold: zwei verschiedene Wörter für Gold sind verwendet, das zweite bezeichnet geschmolzenes, bzw. verfeinertes, geläutertes Feingold.

Dattelpalmenblätter, / rabenschwarze: das erste Wort, das nur hier belegt ist, kann auch die Palmblütenscheide meinen, die außen ganz schwarz ist – so würde sie die Rabenschwärze erklären. Der Gegensatz von Gold und Schwarz ist offensichtlich. »… der schwarze Rabe (gehört) zum Bereich der haarigen Bocksgeister und der wilden Dämonen …« (Keel, 187).

12

milchgeschwemmt, / die da stehn in der Fülle: wörtlich ›badend in Milch, hockend im Vollen‹, wobei das letzte Wort ganz unsicher ist. Keel sieht die Tauben »über den vollen (Becken) sitzen« (187) und illustriert das mit einem Trinknapf aus Zypern

(2000 v. Chr.) und einem Wasserbecken aus der Villa Adriana (125 n. Chr.). Buber übersetzt: »am Gefüllten ruhend«.

13

Duftkräuter treibend: ›treibend‹ oder ›sprießend, sprossend, wachsen lassend‹ (*migdēlot*) kann auch, bei leicht veränderter Vokalisierung, ›Türme‹ heißen, und damit wäre entweder auf einen Toilettengegenstand oder auf die zum rituellen Gebrauch bestimmten sogenannten Besamim (= Gewürz, Duftkräuter)-Büchschen, die noch heute bei Havdalah verwendet werden, angespielt. Mendelssohn: »Seine Wangen Würzbeetlein, / Specereien= Kästchen«; Herder: »wie Kästgen Würze«; Torczyner: »Wie Würzwerktürmchen«.

14

Rollen von Gold: was genau gemeint ist, ist unklar, gewöhnlich wird mit ›Walzen‹ übersetzt. Vielleicht sind Ringe oder Reifen gemeint. Herder übersetzt mit »Cylinder«.

Tarshish-Stein: im Original nur *tarshish*. Niemand weiß, welcher Stein gemeint ist; der Name wird häufig von Tartessus in Spanien abgeleitet, einem Handelsplatz der Phönizier. Es war der zehnte Edelstein auf Aarons Brustplatte. Folgende Übersetzungen sind angeboten worden: »Chrysolit« (Septuaginta), »hyacinthus« (= Amethyst? Vulgata), »Beryll« (Authorized Version), »Türkis« (Luther, Mendelssohn, Herder), »Gelbstein« (Torczyner), »Chalzedon« (Buber), »Topas« (HAL), »Granate« (Keel); die Encyclopedia Judaica votiert auf Grund vergleichender Quellen (Onkelos, Targum) für »Aquamarin«.

mit Lapislazuli: obwohl das Wort klar zu sein scheint, *sappirim*, woraus der ›Saphir‹ unserer Sprachen abgeleitet ist, mag die Bedeutung des gemeinten Steins eine andere gewesen sein. Das HAL gibt »Lapislazuli, Lazurstein«, und so übersetzt Keel – »Lapislazuli«. Alle anderen Übersetzungen haben ›Saphire‹.

15
Marmorsäulen: auch: »seine Waden (sind) Säulen von Alabaster«
(Keel).

sein Anblick: wie in II, 14 auch ›Erscheinung, Gestalt, Aussehen‹.

16
und sein Alles – / *Kostbarkeiten*: ›sein Ganzes‹, er ›insgesamt
Begehrenswertes‹ (auch: ›Augenweide‹). Luther: »und er ist
ganz lieblich«; Mendelssohn: »Ganz Er, Lieblichkeiten«;
Torczyner: »Ganz ist er Wonne«; Buber: »und allsamt ist er
Wonnen«; Keel: »und alles an ihm begehrenswert«.

VI

2
und pflückt sich: das Wort heißt auch ›sammeln‹ oder ›lesen‹.

4
Tirzah: kanaanäische Stadt, eine Zeitlang die Hauptstadt des
Nordreiches Israel. Der Name bedeutet ›die Liebliche, die
Wohlgefällige‹, auch ›Anmut‹.

schrecklich / wie ein Heer unter Bannern: Keel übersetzt: »angst-
erregend wie das geordnete (Heer)«. In dem, was mit ›Heer
unter Bannern‹ übersetzt wurde, *nidgalot*, steckt das Wort, das
ich auch in II, 4 mit »Banner« übersetzt habe. Mit dem Wort
können aber auch bestimmte Stern- oder Tierkreisbilder
gemeint sein. Also etwa: ›furchteinflößend wie Sternkonstel-
lationen‹.

5
sie machen mich irr: ›verwirren, bedrängen, erschrecken, über-
wältigen mich‹, sie ›machen mich wahnsinnig‹. Das »Verb ist
mit dem Substantiv *rahab* wurzelverwandt, das eine Chaos-

macht bezeichnet, die nach israelischer Vorstellung das Fortbestehen der heilvollen und geordneten Welt in Frage stellt« (Keel, 201).

9
auserwählt: auch ›geläutert, rein, klar, lauter‹; in diesem Sinne (›lauter‹) ist das Wort dann in VI, 10 übersetzt.

10
Mond: »Der Vollmond (*lebana*) wird wie der Weihrauch *(lebona)* und das Libanongebirge (*lebanon*) mit einer Variante von ›weiß‹ (mask. *laban*; fem. *lebona*) umschrieben« (Keel, 206).

Sonnenglast: das Wort heißt eigentlich ›Glut, Hitze (der Sonne)‹.

11
Wadi: meist mit ›Tal‹ oder ›Bachtal‹ oder auch ›am Bach‹ übersetzt.

12
Der Vers ist syntaktisch und semantisch dunkel, vermutlich korrupt, und es erscheint mir falsch, einen klaren Sinn herausfiltern zu wollen. Hat ›mein Atem‹ (interpretiert: ›Verlangen, Sehnsucht‹ und immer übersetzt mit ›meine Seele‹, vgl. Anm. zu I, 7) sie unwissentlich gesetzt, versetzt auf (›auf‹ steht nicht da) die Thronwagen? Oder ist sie in einem Zustand der Entrückung, und es taucht die Vision der Thronwagen vor ihr auf? Auch das folgende ›mein Volk‹ steht isoliert, ebenso das Wort für ›Fürst‹ (*nadiv*), das in VII, 2 wieder aufgenommen ist. Denkbar ist, daß zwischen *'ammi* (›mein Volk‹) und *nadiv* keine Wortgrenze liegt; dann ergäbe sich ein nicht weiter bedeutungsvoller Eigenname, ›Amminadib‹.
Folgende ›Lösungsvorschläge‹ sind gemacht worden: Luther: »Ich wußte nicht, daß meine Seele mich gesetzt hatte zu den Wagen Ammi-Nadibs.« Mendelssohn: »Und wußte nicht, daß meine Seele / Mich gesetzt zum Kriegswagen / Meines edlen

Volks.« Buber: »da – ich kenne meine Seele nicht mehr – /
versetzt michs ins Gefährt / meines Gesellen, dès edlen.«
Torczyner: »Da hat meine Seele – / Wie, weiß ich nicht – /
Zu Wagen edlen Volkes mich versetzt.« Keel: »Ohne, daß ich
es merkte, hatte mein Verlangen mich versetzt zu den Wagen
Amminadibs.«

Ich habe versucht, das Fragmentarische der Stelle als jähe
Momente wechselnder Eindrücke und staunender Ausrufe zu
erhalten. Und was ich mit »Thronwagen« übersetzt habe, *mer-
kabah*, ist der Wagen Hesekiels, auf dem der Thron Gottes
steht, der von den Kabbalisten zur Merkabah-Mystik ausge-
baut wurde.

VII

1

Dreh dich: auch übersetzt mit ›kehr wieder‹, ›kehr um‹, ›wende
dich‹. Vom Folgenden her gesehen erscheint es stimmiger,
schon hierher die Aufforderung zum Tanzen zu setzen, was
vom Hebräischen her möglich ist. So auch Buber.

du Shulamith: Name mit Artikel, eigentlich ›die Shulamitin‹,
daher wohl kein Eigenname. Von den Konsonanten her
könnte es sich um die weibliche Form von Shelomo handeln
und hieße dann ›die Heile‹, ›die Ganze‹.

*Was wollt ihr sehn / an Shulamith? / Freudentänze, so was, / vor
den zwei Lagern*: Ob es sich um Frage und Antwort handelt, ist
unklar. Es könnte auch etwa heißen: ›Was – ihr wollt an
Shulamith etwas wie Freudentänze sehen ...‹ Für ›Freudentänze‹ wird auch ›Reigentänze‹ übersetzt, oder nur ›Reigen‹.
Die ›zwei Lager‹ sind wohl Heer- oder Kriegslager, aber Herder übersetzt: »Den Tanz der Gottesheere« und Luther versteht das Wort als Ortsnamen: »Den Reigen zu Mahanaim«.
So auch Torczyner.

2
deine Schritte: auch ›Füße‹ oder ›Tritte‹.

Gesäßgegend: meist mit Schenkel, Oberschenkel oder Hüfte übersetzt. Das Gemeinte liegt dazwischen. Es bezeichnet den fleischigen hinteren Teil der Oberschenkel, und es ist wohl an eine Entsprechung zu Aphrodite kallipygos zu denken.

diese Pracht: das Wort bezeichnet Schmuckwerk (im Plural) im allgemeinen. Meist übersetzt mit ›Geschmeide, Kettenwerk, Spangen‹. Ich verstehe es metaphorisch bezogen auf die Rundungen der Oberschenkel

von Meisterhand: wörtlich ›von Künstlerhänden‹.

3
Dein Schoß: meist übersetzt mit ›dein Nabel‹, der aber auch sexuell konnotiert war (wie viele Terrakotten zeigen) und oft stellvertretend für ›Geschlecht‹ verwendet wurde.

ein tiefer Kelch: oft übersetzt als ›runde‹ oder ›breite Schale‹. Luther, Herder, Mendelssohn haben »runder Becher«, die Septuaginta hat »krater«, den Mischkrug.

5
Cheshbon: Stadt im Ostjordanland, die als »die Hauptstadt eines geheimnisvollen, vorzeitlichen Königreiches galt« (Keel, 218).

am Tor Bath-Rabbim: der Name heißt ›Tochter der Vielen‹. Mendelssohn übersetzt »Am Thor der großen Töchter«, Herder »Am Thore der Fürstentöchter«.

deine Nase: »Die primäre Konnotation von hebräisch 'aph, ›Nase‹, ist ›Schnauben, Unwille, Zorn‹. ... Während die freundlichen Augen der Geliebten wie königliche Teiche jeden Vorbeigehenden erfrischen und bezaubern, muß jeder,

der ihren Unwillen erregt, mit unüberwindlichem Wider-
stand rechnen.« (Keel, 218)

Dammaseq: Damaskus

6
das offene Haar: eigentlich das herabhängende, fallende Haar.

wie Purpur – / ein König / ist verstrickt ins Gelock: für ›Gelock‹
meist ›Flechten, Locken, Ringel‹ u. ä.; für ›verstrickt‹ wörtlicher ›gefesselt, gefangen‹. Der syntaktische Bezug wird gelegentlich anders gesehen. Luther: »wie der Purpur des Königs,
in Falten gebunden.« Mendelssohn: »Wie der Purpur / Am
Königsbunde, schön geschlungen«. Herder: »wie Purpur / Ein
geflochtner Königsbund«.

7
du Liebe / in der Lust: bat-ta'anugim. Man kann das Wort als fal-
sche Zusammenschreibung sehen und es, wie Keel, in zwei
Wörter trennen: *bat tanugim* (›Tochter aller Wonnen‹). Übli-
cherweise wird es gelassen, wie es dasteht, dann ist ›ba‹ die
Vorsilbe, und ›ta'anug‹ (hier im Plural) heißt ›Vergnügen,
Genuß / Genießen, seine Lust an etwas haben‹. Luther: »Du
Liebe voller Wonne«. Mendelssohn: »O Liebe unter den
Lüsten«. Herder: »O Liebe, in der Lust!« Buber: »Liebe, im
Genießen!«

8
dein Wuchs: Höhe, Gestalt, Statur, auch Länge.

Traubenbüschel: der Vergleich wirkt in einer Schönheitshuldi-
gung ungewöhnlich, denn Traubenbüschel, zumal die der
Datteln, hängen schwer herab. Ein anderes Schönheitsideal?
Es gibt antike Darstellungen von schlanken Frauen, die ihre
großen schweren Brüste mit den Händen stützen. Sicher ist
das Nährende und Spendende der Brüste mitgedacht.

9

Nase: '*aph* deckt ein breites Wortfeld: die Nasengegend als Ort des Schnaubens und Bebens (vor Zorn, vor Erregung, vor Lust). Das Wort wird aber auch mit ›Atem‹ oder ›Riechen‹ übersetzt. Die Stelle könnte deutsch auch heißen: ›Der Duft deiner Erregung‹.

10

Die Verse sind häufig emendiert worden, weil sie, zumal die letzten, wohl korrupt sind.

der meinem Liebsten weich hinunterströmt: wörtlich ›strömend, fließend, rinnend meinem Liebsten glatt, leicht eingehend (wie Wein)‹. Der ›Liebste‹ kann auch mit Liebkosungen, Zärtlichkeiten, übersetzt werden, so Keel: »Wenn er weich auf meine Liebkosungen eingeht«; Luther: »Der meinem Freunde glatt eingeht«; Herder: »Der einschleicht meinem Lieben / Süß hinein«; Mendelssohn: »Der meinem Freunde sanft einschleicht«; Buber, um das vermutlich Fragmentierte der Stelle zu unterstreichen: »– ... der grad aus in meinen Minner eingeht, ...«

es tropfen / die Lippen / noch im Schlaf: wörtlich ›tropfend Lippen schlafende‹. Syntax und Semantik sind unklar, der Anschluß ans Vorige ist durch kein ›und‹ hergestellt, obwohl es sich in den meisten Übersetzungen findet. Luther: »Und der Schläfer Lippen reden macht«; Mendelssohn: »Und schwatzhaft macht / Des Schlummernden Lippen« – von Sprechen ist aber nicht die Rede. Herder: »Und schlummert die Lipp' ihm / Säuselnd zu«; Buber: »– ... noch im Schlaf macht er die Lippen sich regen.« Keel: »Und (noch) die Lippen der Schlafenden netzt.«

11

Sehnsucht: auch Verlangen, Begehren.

12

bei den Dörfern: Keel gibt für *kĕpharim* (Dörfer, Weiler) »Hennasträucher«, was das Wort, wie in II, 13, auch heißen kann. Schreiner übersetzt mit »Zyprusstauden«. Troczyner hatte schon »in Zyprusblüten nachten«. Es ist unentscheidbar.

14

Liebesäpfel: *duda'im*, von Mendelssohn so stehengelassen, bezeichnen die Mandragora- oder Alraunfrüchte (*Mandragora officinarum*), denen aphrodisierende Wirkung zugeschrieben wurde.

frische, ältere: gemeint ist wohl mit den älteren (eigentlich vorjährigen) Früchten: die, die du schon kennst.

verwahrt, verborgen: im Hebräischen nur ein Wort (von *tsaphan*), das sowohl ›aufheben, aufsparen‹ als auch ›verbergen‹ − wie einen Schatz − heißt.

VIII

1

Wärst du doch wie ein Bruder: wörtlich ›Wer gibt dich wie einen Bruder mir‹ (in diesem Sinne Mendelssohn und Buber).

trank: wörtlich ›saugend‹.

5

erweckt: *'wr* heißt ›wecken‹, ›aufstören‹, auch sexuell ›erregen‹.

6

Drück mich wie ein Siegel: das Verb heißt eigentlich ›setzen, stellen‹, und das Bild evoziert möglicherweise den Brauch, Amulette zum Schutz vor Gefahr zu tragen.

stark: '*az* heißt auch ›trotzig‹, und ›gierig‹; Buber übersetzt mit »gewaltsam«. Das gleiche Wort, anders vokalisiert ('*ez*), heißt ›Ziege‹ und ›Ziegenhaar‹. Könnte es sein, daß der sinnspruchhafte Gedanke, der in den Duktus des Liedes nicht recht paßt, zumindest für das lesende Auge die Vergleiche der Geliebten mit Ziegenhaftem assoziiert?

unerbittlich: hart, streng, auch fest in dem Sinne, daß es kein Entrinnen gibt.

Sheol: das jüdische Totenreich, auch Gehinnom oder Gehenna genannt, ein Tal außerhalb der Westmauer Jerusalems, ursprünglich eine Opfer- und Begräbnisstätte. In postbiblischer Zeit mit der Hölle assoziiert, und so übersetzen Luther, Herder und Mendelssohn. Buber hat »Gruftreich«. (Vulgata: »infernus«; Septuaginta: »Hades«.)

Begehren: qin'ah heißt auch ›Eifer‹, ›Eifersucht‹, ›Leidenschaft‹, ›Wut‹, Grimm‹, sogar ›Neid‹ (»Neid ist Eifer in den Gebeinen«, Sprüche 14,30).
Die Septuaginta hat »zaelos« (›Eifer, Nacheiferung, Begeisterung‹), die Vulgata »aemulatio«. Luther sagt: »ihr Eifer ist fest wie die Hölle«; die Authorized Version: »jealousy is cruel as the grave«. Ceronetti übersetzt: »Il Desiderio è spietato / come il Sepolcro«, kommentiert aber *qin'ah* so: »Pura patologia della passione dell'amore: disagio fisico, sfacelo, corrosione, morte«(135).

ihre Brände Feuerbrände: das wiederholte Wort heißt ›Glut‹, ›Flamme‹, ›Blitz‹, ›Pfeil‹. Mendelssohn: »ihre Glut der Blitze Glut«, Herder: »Ihre Kohlen glühende Kohlen«, Buber: »Ihre Flitze Feuerflitze«.

die unbändig lodern: Das Substantiv *shalhevet* (Flamme, Lohe) hat ein angehängtes *jah*, den Gottesnamen. Daher Mendelssohn: »Flamme des Herrn«; Buber: »eine Lohe oh von Ihm her!« Aber: »die Zusammenstellung eines Substantivs mit

JH(WH) ist eine im Hebräischen häufig belegte Art der Superlativbildung. ›Feuer JHWHs‹ ist das gewaltigste Feuer, das ihnen begegnete, der Blitz.« (Keel, 250). Keel übersetzt »flammende Blitze«. Und selbst die Vulgata scheint den Gottesnamen nicht herausgehört zu haben: »lampades ejus lampades ignis atque flammarum.«

Die Abschnitte 8–10 bilden eine Einheit, vielleicht eine Erinnerung an die Schwester, als sie noch klein war.

8
da sie versprochen werden soll: der Sinn ist: ›da man um sie wirbt‹. Aber die hebräische Wurzel heißt *dbr*, was reden und sprechen bedeutet. Daher Buber: »da man um sie redet«.

10
Vollständigkeit: shalom, daher meist übersetzt mit ›Frieden‹. Der semantische Spielraum ist sehr groß: Unversehrtheit, Vollständigkeit, Heil, Ganzheit, Intaktsein, Genugtuung, Genüge, Gänze, auch Wohlergehen. Ich denke, das Bild ist auf sexuelle Reife bezogen: das Mädchen ist jetzt ganz Frau und kann eine Braut sein. Und mit der Vollständigkeit ist dann auch die Ergänzung durch den Bräutigam gemeint.

11
Ba'al-Hamon: der Ort ist nicht identifizierbar und ist vielleicht nur ein sprechender Name, der ›Herr der Menge‹, ›Herr des Getümmels‹ bedeutet.

13
Freunde lauschen – / deine Stimme – / laß sie mich hören: eigentlich ›Gefährten, lauschende, deiner Stimme, laß mich hören‹, aber die Syntax ist nicht ganz klar. Keel übersetzt: »Gefährten lauschen! / Laß mich deinen Ruf hören!« Buber: »Gefährten lauschen deiner Stimme, lasse mich hören«. Ich habe mich für ein gestisches Sprechen entschieden.

Das Hohelied Salomos
Anna Thalbach
Hörbuch auf CD

Liebe ist ein Versuch, und ob er gelingt, hängt auch von
guter Fügung ab. Klaus Reichert hat mit Lust und Akribie
die frischen Farben des Textes freigelegt, und nun fehlte
nur noch die Stimme, sie leuchten zu lassen. Die Hörbuch-
fassung des Hohenliedes bringt Reicherts Neuübertragung
und Anna Thalbach zusammen, und damit ist »eine Schau-
spielerin gefunden, die den Text so spricht, als käme er aus
ihrem Körper, nicht aus dem Mund eines Dichters oder gar
eines Propheten«. *(Neue Zürcher Zeitung)*

Eine Interpretation eigener Art liegt dabei im zweiten Teil
der CD, als Ergänzung zur Einspielung mit Anna Thalbach:
Der DJ Michael Mayer vertont die Aufnahme, mit moder-
nen, elektronischen Klängen, einfühlend und sublim.

Das Hohelied Salomos
Hörbuch 1 CD
Sprecherin Anna Thalbach
Audiobuch Verlag Freiburg
ISBN 3-933199-35-2

AUDIOBUCH